飛ばしたいなら
バイオメカ

# 驚異の反力《はんりょく》打法《だほう》

ゴルフダイジェスト社

# はじめに

ここ数年、ゴルフ界でも「地面反力」という言葉が使われるようになり、それを説明するスウィング解説も、ちらほらと見かけるようになりました。「地面反力」を使ったスウィングを説明する際には、ジャスティン・トーマスやダスティン・ジョンソンら米国PGAの飛ばし屋のスウィングが例に挙げられ、従来のゴルフスウィングになかったような「ジャンプ」する動きや、地面を強く「蹴る」ような動作が強調されます。そのため、これを特殊な飛ばしのスウィング理論だとか、強いフィジカルの能力が必要とされると勘違いしている方が多いように感じられます。

しかし、それは大きな誤解です。ゴルフスウィングのなかで「地面反力」を使うのは、コマを回したり自転車に乗ったりするようなちょっとしたコツであり、動作自体は非常に簡単なもので、それほど強い筋力も必要ありません。

極論すれば、イスに座って立つことができれば、誰にでもできるメソッドなのです。

そして、それぞれの動きのコツ自体は、従来のスウィング理論と決定的に異なるものではなく、従来のスウィング理論のなかにもエッセンスとして含まれているものがほとんどです。私の理論は、バイオメカニクスの観点から、それら「地面反力」を使った動きを整理して説明しているにすぎません。

私の専門分野であるバイオメカニクスは、人間の体の仕組みを研究し、物理の法則に従って、それを効率よく動かすことを目指すものです。そしてそこに、クリス・コモやヒロ（吉田洋一郎）らのプロコーチや、彼らが指導するトッププレーヤーたちとディスカッションしながら、彼らゴルフのプロフェッショナルが持つ経験や感覚の裏付けをとって体系化したのが私の理論です。

その意味では私の理論は、新しい動きを発見したり特殊な技術を伝授しようとしているわけではなく、効率よく飛ばせるスウィングを分析した「客観的事実を説明している」ものと考えていただいていいでしょう。

みなさんが本書を読んでその「事実」に気づいていただければ、無理なく確実に飛距離アップという結果を得られると確信しています。

Dr. ヤン・フー・クォン

## 第1章 「反力打法」とは何か ◉解説／ヤン・フー・クォン

# ゴルフレッスンを進化させる理論
# それが「反力打法」

――クリス・コモ（タイガー・ウッズの元コーチ）

この本の著者の一人であるヒロ（吉田洋一郎）とは、ここ数年、試合会場やオーランドで開催されるPGAショーで頻繁に顔を合わせてきました。彼は情熱溢れるインストラクターで、アメリカだけではなく世界のあらゆるスウィング理論や指導哲学を一切の努力を惜しまず熱心に学んだ結果、ゴルフレッスンにおける最高の研究者がクォン教授であるという答えに達したのです。

クォン教授との関係によってより良い指導者が誕生してきたように、ヒロとの関係が次の世代をプラスの連鎖に導くはずです。彼の生徒や彼の影響を受けたインストラクターがヒロを見習って世界最高峰の知識と

## Chris Como

クォン教授の下でバイオメカニクスを学び、2014年の11月から2017年12月までの3年間、タイガー・ウッズの〝スウィング・コンサルタント〟として活躍。ケガと不調に苦しむタイガーの復活優勝に大きく貢献した。米国ゴルフダイジェスト誌が選ぶ2013〜2014年の〝ベスト・ヤング・ティーチャー賞〟を37歳で受賞し、2015年以降は米国ゴルフダイジェスト誌の〝米国トップ50ティーチャー〟に連続して選出されている。現在はダラスナショナルゴルフクラブに新設したアートパーフォーマンスセンターでのレッスンと、ニューヨークのマンハッタンにあるゴルフ＆ボディパフォーマンススタジオで、総合的ゴルフレッスンとフィットネス、バイオメカニクスを融合したレッスンを行っている

研究、そして洞察力を養う努力を続けていくことでしょう。

クォン教授はゴルフレッスン史上もっとも評価が高い研究者の一人です。彼が提唱する「地面反力」の研究とスウィングプレーン理論は世界中のゴルフインストラクターにレッスンの理論的枠組みの変化（パラダイムシフト）をもたらしたのです。

◉

クォン3Dといった彼が創作し活用しているツールは、データを分析し適切な解釈を加えるという意味で他に類を見ません。クォン教授の物理学に対する深い理解と彼が編み出した分析ツール、そして継続的に積み上げてきた研究は、高いレベルのインストラクターにとっても学ぶべき価値があります。

彼は「スウィングはこうあるべき」という私の固定観念を変えるとともに、私がレッスン哲学を構築する上でもっとも大きな影響を与えてくれました。情熱的な指導者であり、私にとっては偉大な師であり友人です。

クォン教授に出会い彼の研究に触れ彼のプログラムを学ぶことで、ゴルフレッスンに関わるすべてのインストラクター、コーチが長足の進化を遂げると私は信じてやみません。

カバーデザイン　田岡牧子
カバー・本文イラスト　浦上和久
本文デザイン　スタジオパトリ
構成　鈴木康介
撮影　姉﨑正　有原裕晶

この本は2017年6月13日号より
「週刊ゴルフダイジェスト」に連載中の
「Dr.クォンの反力打法」をもとに書き下ろしたものです。

第1章

# 「反力打法」とは何か

## 筋肉の力だけに頼らないバイオメカスウィング

ゴルフがやさしくなる
バイオメカニクスのパワー

# 「地面反力」って知っていますか？

みなさん、「地面反力」という言葉はご存じでしょうか。「床反力」などと呼ばれることもあるこの力は、近年ゴルフ雑誌のレッスンやスウィング解説などでも取り上げられることが増えてきており、いま、ゴルフ界でもっとも注目されている新しい概念です。

「新しい」とは言っても、実は昔からこの力を使ってスウィングしているプロゴルファーは多くいましたし、バイオメカニクス（生体力学）の世界では常識的な概念で、新しく発見されたとか、まったく新たな概念というわけではありません。

しかし、この「地面反力」をゴルフスウィングに意識的に取り入れようと試みられるようになったのは最近のことですので、まだみなさんには馴染みの薄い概念ではないかと思います。また、耳にしたことがある人も、「難しそう」とか「色モノなんじゃないか」というようなネガティブなイメージをお持ちかもしれません。でも実際は、「地面反力」は、私たちが地面に接している限りは日常生活において常に使っているものですし、それをゴルフスウィングに取り入れるのも、決して難しいことではありません。

本書は、この「地面反力」とはどのような力なのかを学術的な視点から解き明かすとともに、どのようにゴルフスウィングに取り入れるべきか、「地面反力」を使ったスウィングを身につけるにはどうすればいいかを説明するものです。

ゴルフに限ったことではありませんが、高度な技術を――とくに大人になってから、効率よく――身につけるには、その理論や仕組みを正しく理解することが不可欠だと私は考えています。仕組みのわからないまま、「やれば身につく」というのは、膨大な反復練習量が必要ですし、その後の応用も利きません。

その点において、本書は「地面反力」の概念を説明することに多くの紙幅を割いており、従来の「これをやればうまくなれる」というHow-to本とは異なった構成になっています。とくに「地面反力」の概念については、バイオメカニクスの専門家である私、Young-Hoo Kwon（ヤン・フー・クォン）が、スウィングへの落とし込みについてはプロゴルファーである〝ヒロ〟吉田洋一郎《ひろいちろう》がそれぞれ分担して説明することで、単なる学術本でもただのレッスン書でもない、ハイブリッドな本が作れたと自負しています。

みなさんも、本書から「何をやればいいか」だけを拾って読もうとせず、内容を理解しながら読み進めていただければ、必ずや血肉となって、スウィングのレベルアップや飛距離の向上につながりますし、欧米のトッププロのスウィングなどを見たときに「なぜあんなふうに振っているのか」「なぜあれほど飛ぶのか」という点への理解も深まるはずです。繰り返しになりますが、決して難しい理論ではないのです。

## 体の回転を加速している

写真のダスティン・ジョンソンをはじめ、驚異的な飛距離を誇るトッププレーヤーたちは、「地面反力」を使ってスウィングしている

## 足を踏み込んで地面反力を受け取り

タイガーの元コーチも
ゴルフスウィングに応用

# 「反力」を使うデメリットはない

では、「地面反力」を使ってスウィングできるようになるとどんなメリット・デメリットがあるのか。

率直に言うと、デメリットは何ひとつなく、メリットはあらゆる範囲に及びます。飛距離アップ、方向性の安定、そして体への負担の軽減。悪いことはひとつもありません。虫のいい話に聞こえるかもしれませんが、「地面反力」を使ったスウィングは、バイオメカニクス的に自然な動きなので、物理的にたいへん効率がよく、理にかなっているのです。むしろ、「地面反力」を使わずにスウィングするほうが（実際には、『地面反力』をまったく使わずにスウィングするのはほぼ不可能で、多かれ少なかれ誰もが使っているのですが）、余計な動きや負担のある動きにつながりやすいと言えます。

なぜ、そんなに素晴らしいと言われている力が、いままで注目されずに来たのか。それは、ゴルフスウィングがバイオメカニクスの観点から研究されるようになってからまだ日が浅く、ゴルフ的な理論とバイオメカニクス的な理論の関連性が細部まで明らかにされて

クリス・コモ（左）とタイガー・ウッズ

いなかったからでしょう。

たとえば、従来のゴルフスウィングを説明する際に使われていた「右足を蹴る」とか「腰を切る」「左のカベ」というような感覚的な表現が、バイオメカニクス的にどんな動きを意味するのか、その動きのなかに「地面反力」がどのように使われているのかが、やっと解明されてきた結果、最近になってやっと、「地面反力」を効率よくスウィングのなかに取り入れるにはどうすればいいかということが理論づけられるようになったのです。

私はそのために多くのゴルファーのさまざまなデータを採取し、ヒロ（吉田洋一郎）や、かつてタイガー・ウッズのコーチだったクリス・コモらのゴルフの専門家と協力しながらそれらを分析しました。本書はその成果をまとめたものです。

力学的に証明された運動には欠かせない力

# 「地面反力」の正体

ではまず、「地面反力」とは何なのかと言えば、まさにその言葉どおり、「地面から跳ね返ってくる力」（Ground Reaction Force）。足が地面に対してかけた力の反力が「地面反力」です。これは、物理学では当たり前の理論で、「作用・反作用の法則」で説明されます。

「作用・反作用の法則」とは、ニュートン力学の「運動の第3法則」とも呼ばれるもので、「物体に力を加えたときに、それと同じ大きさで、かつ逆向きの力が同時に働く」という、物体の運動を説明した基本的な物理法則の1つです。

たとえばキャスターつきの椅子に座った状態で目の前の壁を押すと、椅子は後ろに下がっていきます。これは、手で押した「作用」に対して壁からの「反作用」が働いて起こる現象です。この壁を地面に置き換えて考えたものが「地面反力」なのです。ゴルフのようにクラブをスムーズに、速く振ることでボールを効率よく飛ばすことを目指す場合、この「反力」をうまく使うことが非常に重要な意味を持ってきます。

# キャスターつきの椅子に座って
# 壁を押すと、椅子が後ろに下がる。
# これが「反力」

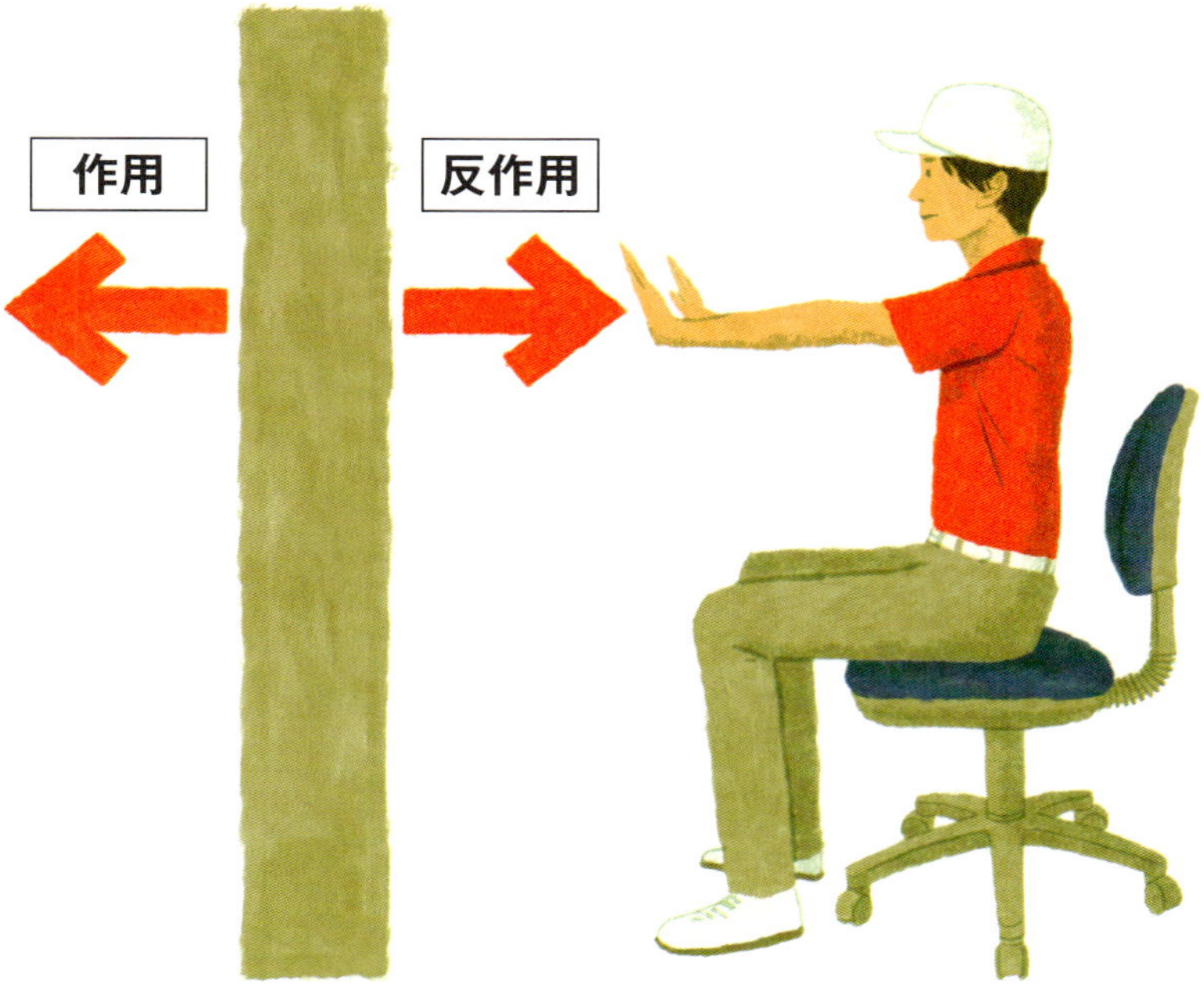


キャスターつきの椅子に座って壁を押すと、その反力で椅子は後ろに下がっていく。これが「反力」の正体だ

飛ばしの秘訣は“他力本願”だった

# 「内力」と「外力」はどう違うのか

「反力」を理解するためには、まず「内力」と「外力」についてイメージを膨らませる必要があります。「内力」と「外力」を理解するために、まず「系《けい》」という考え方を理解しましょう。「系」とは、物理学的宇宙において解析の対象として選ばれた部分のことで、解析の対象として考えている物体の境界となります。例えば、もしゴルファーの動きにだけ興味があるのであれば、ゴルファーの体を「系」と考えます。一方で、もしゴルファーとクラブ、まとめて興味がある場合は「ゴルファー・クラブ系」として考えます。

したがって、「系」に対して「内」と「外」という言葉が使われています。もしゴルファーの体が「系」として選択されている場合は、クラブは外部の物体であり、クラブから手に加わる力は「外力」となります。一方で、「ゴルファー・クラブ系」においては、クラブは「系」の一部であるため、手とクラブの間で働く力は「内力」となります。つまり、「系」は観察者の解析の意図によって変わるのです。

「系」の部分間で加わる力は「内力」で、「系」に対して外部の物体から加えられる力は

スウィングスピードを高めるために必要な「内力」は、筋力や手首のコック・アンコックといった関節の動きがメインになる。これらを磨くには、膨大なトレーニングや練習量が必要になる

「外力」となります。ゴルフにおいて体を「系」と考えた場合は、筋力などによって自分の内側から生み出される力は「内力」と考えられます。先ほどの椅子の実験を例にすれば、壁を押す腕力が「内力」で、押した壁から押し返される力が「外力」ということになります。ゴルフスウィングにおいては、「重力」や「遠心力」、そして「地面反力」が「外力」の代表的なものと言えるでしょう。

「内力」は体のある部分を、他の部分を犠牲に（減速）することによって加速することはできますが、全身を加速することはできないので、ゴルフスウィングでクラブヘッドのスピードを上げるためには、ただ「内力」に頼るだけでなく、「外力」をうまく利用することが重要になります。

例えば、通常の地面の上でボールを投げる場合と、氷上で投げる場合を比較してみましょう。氷上で投げる動作を行うと、足に対して氷から加えられる「外力」は、摩擦が不十分なため、あまり大きくならず、足は滑ってしまいます。一方で、通常の地面では、十分な摩擦が存在するため、大きな「外力」を体に与えることが可能となります。どちらの場合も「筋」は「内力」を生成していますが、地面でボールを投げた方が動作中に大きな地面からの「外力」を利用することができるので、ボールのスピードは速くなります。

## 自分の力だけでは、ヘッドスピードは上がらない

# 「筋力」＋「反力」が飛距離アップの方程式

「地面反力」は体の回転運動を生じ（加速）させるうえで重要な役割を果たしています。ゴルフスウィングは正面から（前額面で）見ると、体の周りをクラブが「身体重心」を中心に回転しています。しかしスウィング中は、姿勢や体の向きが変化し続けていきますので、実際の幾何学的な回転の中心をピンポイントで示すことは難しいのです。

「地面反力」が体の動きに及ぼす全体的な影響について考える場合は、「身体重心」を体とクラブの回転運動における回転の中心として考えます。ここで、上向きに働く「地面反力」が、体の回転運動を加速して、ヘッドスピードを加速するうえで重要な役割を果たします。

具体的には、ダウンスウィングからインパクトにかけて、回転軸＝体の重心よりも左側（正面から見て右側、重心よりも目標寄り）に、「地面反力」による上向きの力を加えるのです。回転する物体の端を押して、その回転を後押しするイメージです。これによって回転運動は加速され、ヘッドスピードが上がって飛距離が伸びるのです。

# 「地面反力」が体の回転を加速する

体の重心を中心とした回転運動を考えたとき、「地面反力」は、回転を促進する力として非常に有効

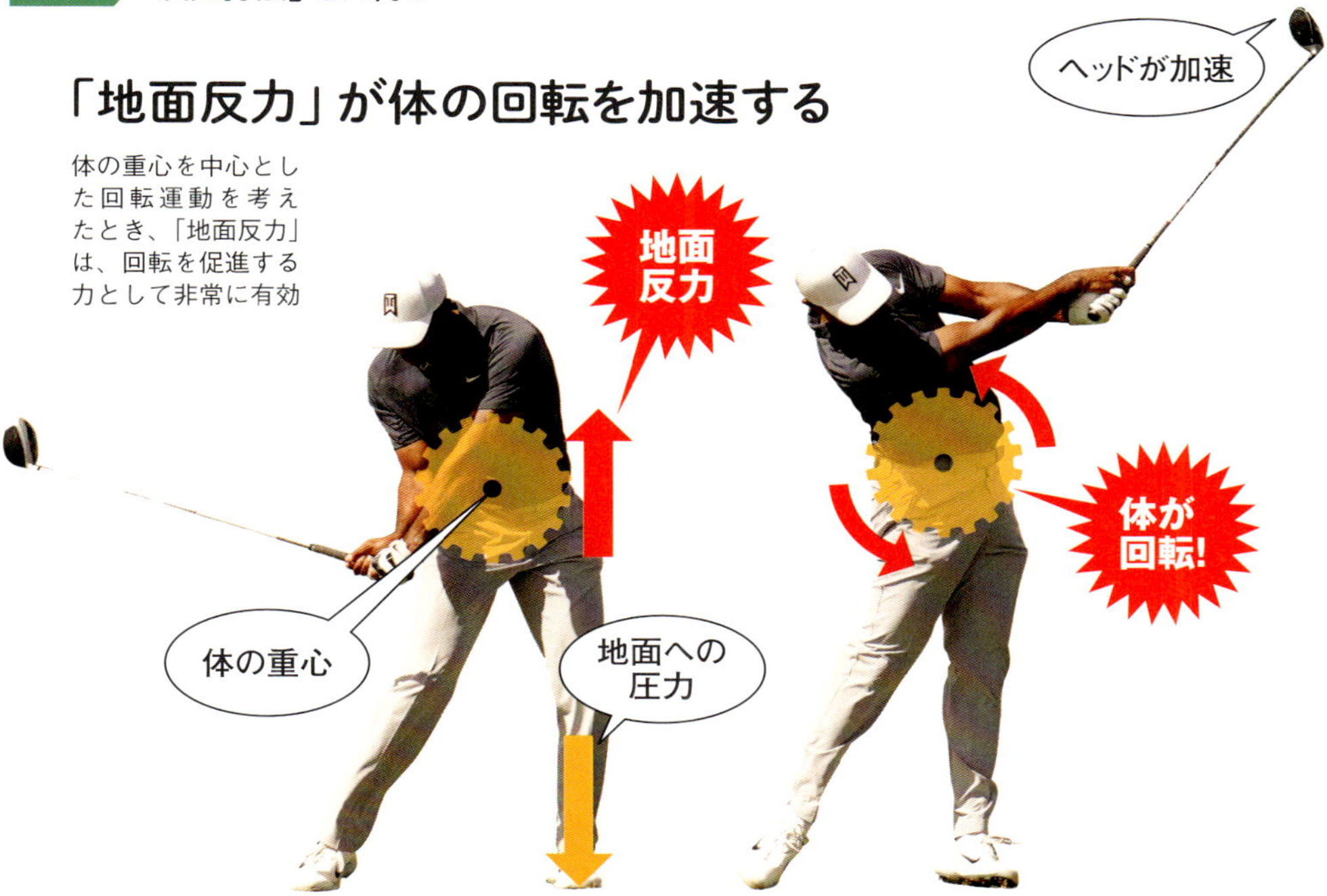


ゴルファーは「筋」の力（内力）を使って、自分の体を意識的に動かそうとしますが、「筋」の力だけでは大きなヘッドスピードを生み出すことはできません。「筋」の力に伴って大きな「地面反力」が働いたときにだけ、ヘッドスピードは最大になります。これは、「内力」だけでは全身を加速することができないからです。「内力」によって体のある部分が加速されると、体の他の部分は減速されてしまうのです。「外力」が働けば、より大きな加速を得られることができ、しかも減速を抑えることもできます。スウィングの回転運動は、自分の筋力＝「内力」がメインエンジンになりますが、それには限界があります。「内力」による回転に地面からの反力＝「外力」を使うことでプラスアルファの力を生み出し、回転を加速し、ヘッドスピードをアップさせるのです。

外力を活用すれば故障しないスウィングができる

# 「地面反力」は体にやさしい

「地面反力」について聞きかじった人には、その第一印象から、こういった上下方向の力がスウィングの精度を損なうとか、大きな力を受け止めるためにケガをしやすいなどと指摘する人がいますが、いずれも的外れです。

もしゴルフスウィングが地面に対して垂直な軸周りに、水平面上でしか回転しないのであれば（野球のスウィングの様に）上下の動きによるメリットはないかもしれません。しかし、ゴルフスウィングは地面に垂直な軸周りの回転ではありません。「前後軸」周りの回転も多く含んでいます。そのため、大きな「地面反力」（多くが地面に対して垂直な力）が「前後軸」周りの回転に大きな影響を与えるのです。

また、「地面反力」は体（足）に対して加わるため、体を伝わっていきます。どこかに行ってしまうことはありません。つまり、大きな「地面反力」が加わっていてもいなくても、「筋」は大きな力を発揮しなくてはいけません。しかし、同じ大きさのヘッドスピードを生み出すことを考えたとき、「地面反力」がないときは、「筋」によってより大きな力を発揮しなくてはなりません。つまり、大きな「地面反力」が加えられていないと、「筋」にとってはスウィングすることがより大変だということです。詳しい説明は省きますが、大きな「地面反力」が体に働くと、「筋」がより楽な状態でスウィングができるようになるということは覚えておいてください。

以後、本書で説明していくことを理解していただければ、「精度を損なう」とか「ケガをしやすい」というような指摘が誤りであることはわかるはずです。余計な先入観は捨てて、ものごとを客観的に見ることが重要です。

## 復活優勝したタイガーも「地面反力」を有効に使っている

ひざや腰を故障した経験を持つタイガーにとって、元コーチ、クリス・コモの教えによりバイオメカスウィングを身につけ「地面反力」を有効に使ったことが、復活へのきっかけとなったことは間違いない

立体的に考えればゴルフはやさしい

# スウィングには3つの軸がある

さて、先ほどゴルフスウィングの軸についての話が少し出てきましたが、「地面反力」をスウィングに取り入れるためには、まず軸について正しく理解することが不可欠です。

結論から言うと、ゴルフスウィングとは3つの軸をもった三次元的な動きです。その3つの軸とは「垂直軸」「前後軸」「飛球線方向軸」。左の図は、それらを模式的に示したものです。

1つめの「垂直軸」とは、その名のとおり地面に垂直な軸。これに対して回転する動きは、その場でクルリと回るコマのような動きになります。

2つめの「前後軸」は、体の正面から見たときにお腹側から背中側へ突き抜ける、「垂直軸」と直角に交わる軸です。前述の、「地面反力」を回転に転換する動きのモデルとして示したのがこの「前後軸」で、この軸を中心に回転すると、腕やクラブは振り子のように動きます。

3つめの「飛球線方向軸」は、飛球線に対して平行に存在し、「垂直軸」や「前後軸」

とそれぞれ直角に交わる軸。この軸を中心に回転すると、上体の前傾が変化しやすくなるためゴルフスウィングではあまり取り沙汰されませんが、実際のスウィング中にはほかの動きと連動しながらこの軸を中心とした動きも生じます。

物体は、その重心を中心に回転しようとします。ですからこれら3つの軸は、すべて体の重心——一般的にはお腹のおへそよりも少し下、「丹田」などと呼ばれる部分——を通っていると考えてください。

ゴルフスウィングは、股関節から上体を前傾して構え、その前傾に沿って回転するというイメージが広く浸透しています。それ自体は大きな間違いではないのですが、ゴルフスウィングの三次元的で複雑な回転運動を理解するためには、それだけでは不十分で、さまざまな矛盾が生じます。3つの軸に沿った回転運動がそれぞれどのように行われ、どのように影響し合っているかを正しく理解することが重要なのです。

## 重要なスウィング軸だが“唯一”ではない

# 1つめの軸「垂直軸」

3つの軸のうち「垂直軸」は、ゴルフスウィングを回転運動だと説明する際に、その回転軸として説明されることが多い軸です。スウィング動画などを解説する際に、地面に垂直に線を引いて説明されたりします。

バックスウィングで右を向いて、フォローで左を向くような回転運動を説明するうえでは、この「垂直軸」を意識することでスムーズに回転できますし、実際、スウィング中にはこの「垂直軸」に沿った回転運動も生じているので、比較的万人に受け入れやすいイメージといえます。そのため、「スウィングの軸」というと、この「垂直軸」をイメージする人は多いでしょうし、「頭を動かすな」というようなレッスンの常套句には、この「垂直軸」を重視する動きから生まれているものが多数派を占めています。

しかし、この「垂直軸運動」だけではクラブは地面と水平にフラットに振られるだけでボールに届きませんし、前傾姿勢を考慮したとしても不自然です。「垂直軸」は、3つの軸のうちの重要な1要素ではありますが、スウィングの唯一の軸ではないということを忘れないでください。

ちなみに、この「垂直軸」に沿った回転運動を促すのは、左右の足の裏を前後に使う動きです。バックスウィングで右足のかかと側と左足のつま先側に加重し、ダウンスウィング以降は左足のかかと側と右足のつま先側に加重することで体を回転させるのです。

## 垂直軸

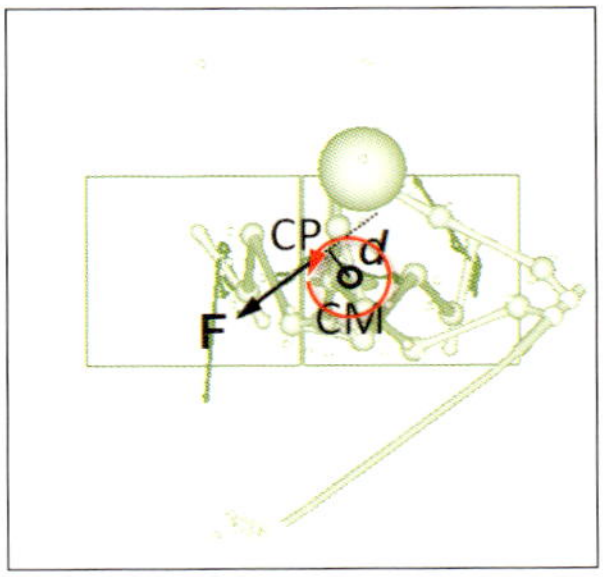


従来、ゴルフスウィングを考える際にもっとも多くイメージされてきたのが「垂直軸」

この軸のイメージがスウィングを変える

# 2つめの軸「前後軸」

3つの軸のうちの「前後軸」は、前述したように「地面反力」を使ってスウィングするうえで非常に重要な意味を持っており、本書で説明するメソッドのキーポイントと言っていいでしょう。

というのも、この「前後軸」を中心とした回転運動は、従来のスウィングメソッドではハッキリと言及している例が少なく、ゴルファーにとってはあまり馴染みのないイメージだからです。とくにアマチュアゴルファーにおいてはこの動きを正しく意識できている人は非常に少なく、それゆえにスムーズなスウィングを妨げているボトルネック的要因でもありました。「前後軸」の動きが欠落し、「垂直軸」に偏ったイメージでスウィングすると、肩や上体が地面に対してフラットに動きやすく、前傾角度が起き上がったりクラブが寝るなどのさまざまな問題を引き起こします。

だからこそ、この「前後軸」に対する回転運動を正しく理解し、意識してスウィングに取り入れることは非常に重要と言えます。

## 前後軸

体のタテ方向の回転は「前後軸」が中心になる。「地面反力」を考えるうえで不可欠な概念

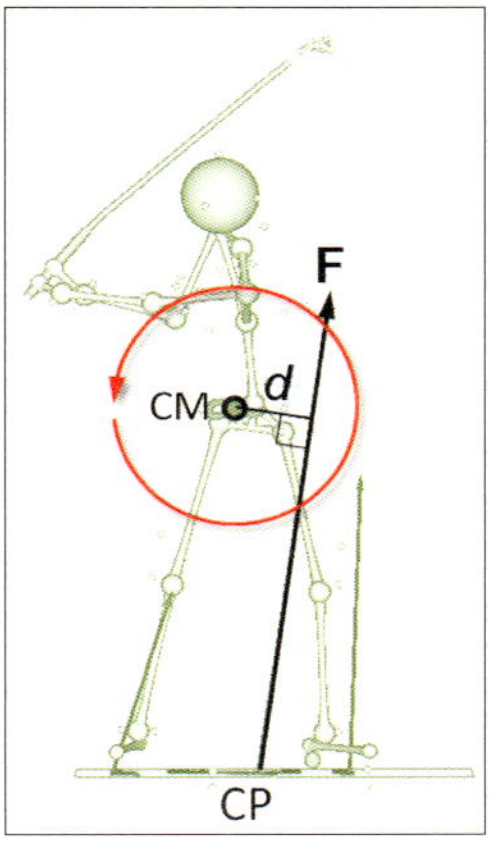


体の「前後軸」周りの回転は、スウィング中に肩が上下に動くため、「右肩を下げるな」というような旧来のゴルフレッスン用語に慣れ親しんだ人には違和感があるかもしれません。しかし、スウィングの動作を客観的に分析していけば、それらの動きは決して悪い動作ではなく、自然で理にかなったものであることがわかるはず。古い先入観は捨てて、本質を見据えてください。

## 再現性の高いスウィングには欠かせない

# 3つめの軸「飛球線方向軸」

3つめの「飛球線方向軸」は、「前後軸」以上にスウィング中に意識されることが少ないため、あまりピンと来ない人も多いでしょう。しかし、スウィングの3つめの軸として、決して無視してはいけない要素です。

実際のスウィングのなかでは、足を地面につけた状態での動きとなるため、「飛球線方向軸」に対して回転すると上体の前傾角度や頭の高さが変化します。こういった動きは、従来のゴルフレッスンにおいてはスウィング中のタブーとされがちでしたが、これを利用しなければ遠心力※に引っ張られながら動くクラブを、うまくボールにミートさせることはできないのです。

具体的には、インパクトの直前に、飛球線後方から見たときに左回り、つまり上体が起き上がる方向に回転します。これによって、遠心力で体（スウィングの軸=体の重心）から遠ざかっていこうとする腕やクラブと体が引っ張り合い、バランスを取ってクラブヘッドの軌道を整えます。この動作がなければ、体がクラブの遠心力に引っ張られてヘッドは地面に激突してしまうでしょう。

動きとしては大きくありませんし、軸を中心とした回転運動だとは意識しにくい動きですが、これを「飛球線方向軸」に対する回転運動だと正しくイメージすることで、クリーンなインパクトが可能になるはずです。

## 飛球線方向軸

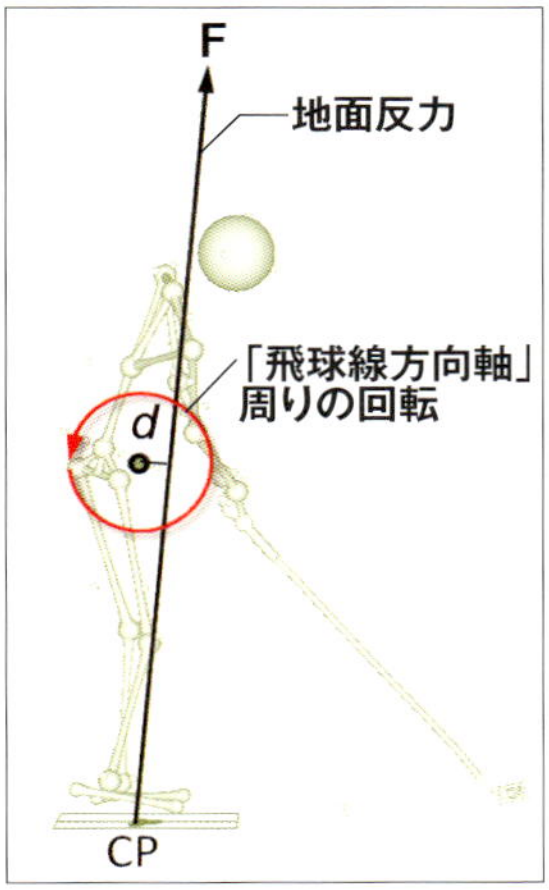


※遠心力は、求心力の反力。ここでの求心力とは、手が体の周りを回転するクラブに対して加えている力のこと。クラブの回転運動を生じさせるためには、手からクラブを身体重心に向かって引く力が必要で、その力を求心力と言う。力は常に両方向に働くので、クラブにも同時に手を外側に向かって引く力が生じる。それが遠心力。もし求心力が存在しなければ遠心力は存在しない。「系」がゴルファーの体と定義されている場合は、クラブが体に対して加えている力（遠心力）は「外力」と考えられる

## 体の重心から、スウィングを考えてみよう

# 3つの軸は重心で交差している

こういった概念がわかりにくければ、とりあえず「軸」というイメージを一度忘れて考えてみてください。「軸」というとどうしても、独楽《こま》のように1本の「串」が刺さっているような状態を想像しがちですし、その「串」が3本も刺さっている状態では、たしかにスウィングの動きをイメージしにくいかもしれません。では「串」でないなら何なのか。

まず前提となるのは、ゴルフスウィングとは、人間という1つの物体がその場で動く動作だということです。どんな物体であれ、「その場」で向きを変えたり、回転する場合、その運動は物体の重心（センター・オブ・マス）を中心とした回転運動で説明できます。ゴルフスウィングもそういった重心を中心とした回転運動だと考えれば、軸のイメージを矛盾なく想像できるのではないでしょうか。

つまり3本の軸とは、物体（この場合は人間の体）が三次元的に動く際の座標軸のようなもの。「x軸」「y軸」「z軸」をそれぞれ「前後軸」「飛球線方向軸」「垂直軸」として、ゴルフスウィングの複雑な動きを3つのベクトルに分けて考えるというわけです。

３本の座標軸は、センター・オブ・マスで交差している。こう考えれば、体に重心を貫く３本の「串」が刺さっていても、スウィングの動きをイメージできるのではないでしょうか。

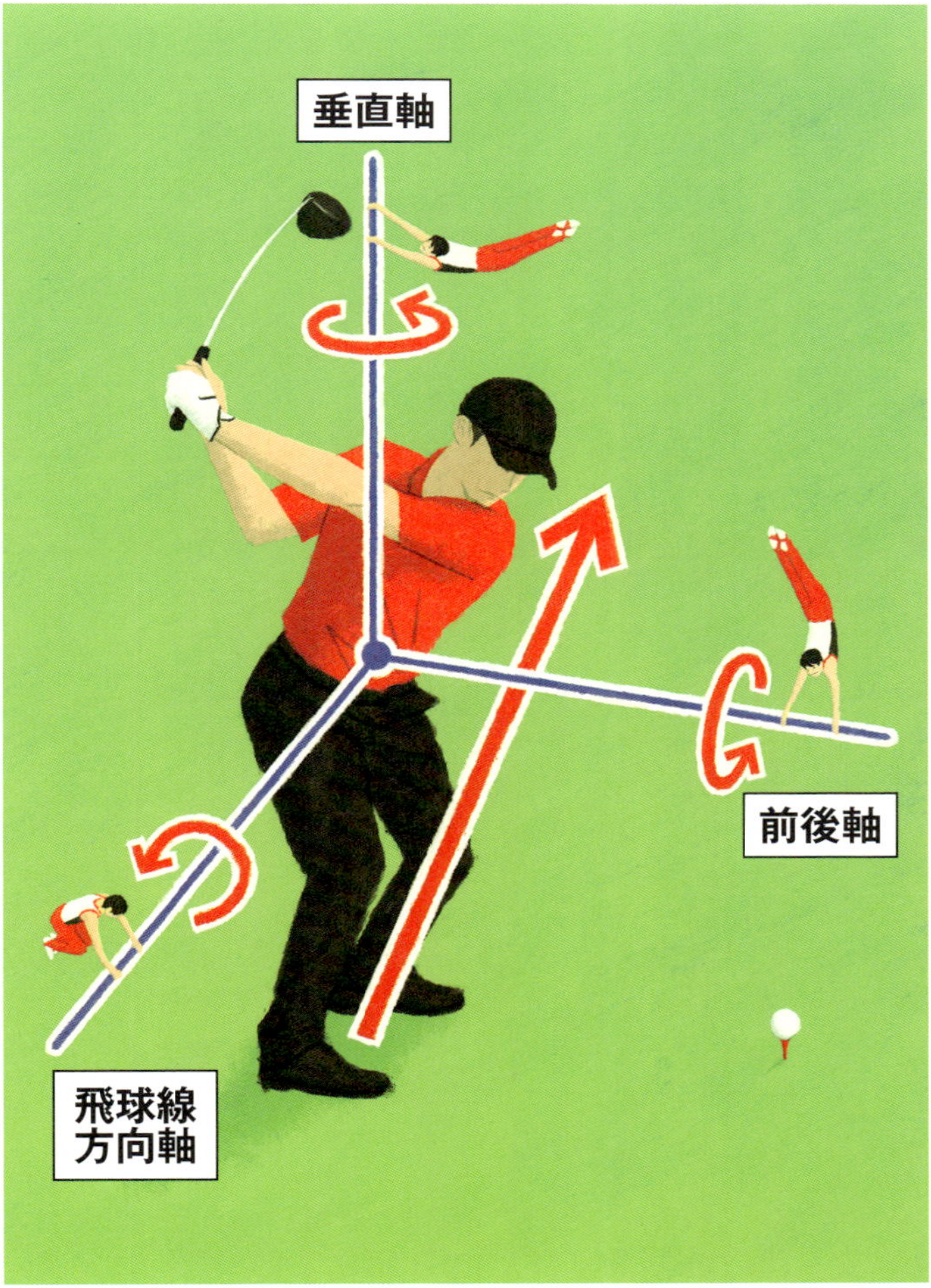


スウィングの3つの軸は、体の重心を通る三次元的な座標軸のようなもの

今までの考え方では「どう振ればいいか」の結論は出ない

# スウィングを客観的に把握しよう

このように、スウィングを3つの軸を中心とした3つの回転運動の複合動作として見直せば、従来のレッスンで語られてきたことの矛盾点が明らかになります。とくに軸について説明する際、「垂直軸」だけについて言及しているケースや、背骨などの回転軸になり得ない部分を軸と考えて無理やり説明しているケースが目立ちます。しかし、ゴルフスウィングをどう解析しても、1本の軸だけの単純な回転で説明することはできません。

ゴルフスウィングを身につけるためには、「どのような意識でスウィングするか」「どの感覚にフォーカスするか」というイメージも必要です。しかしそれ以前にまず、「どのように動いているか」という客観的な事実を理解しなければ、正しい動きを身につけるのは難しいですし、スランプに陥ったり問題が発生したときに本来の「正解」に戻ることができなくなってしまいます。本章ではまず、「地面反力」を利用したゴルフスウィングの客観的な事実とその仕組みについて理解してください。実際に「どう振ればいいか」というメソッドについては、プロゴルファーであるヒロが、次章で説明してくれます。

## 大きさだけでなく、力が働く方向が飛ばしのキーポイント

# てこの原理をスウィングに生かそう

さて、ゴルフスウィングが3つの軸を持った動きであるという共通認識のもと、ここからは「地面反力」がゴルフスウィングにどのように作用するべきかを、より詳しく説明していこうと思います。

まず、25ページで説明した、「前後軸」に対して「地面反力」が作用して回転を促進する模式図を思い出してください。この歯車の中心部分を、同じ「地面反力」でより効率よく回すためにはどうすればいいかわかりますか？

答えは、歯車の直径を大きくすればいいのです。よりわかりやすくイメージするのであれば、歯車ではなく、中心＝重心点にあるナットをスパナで回す様子をイメージしてみてください。このスパナの柄が長いほど、同じ反力で高い回転力を得られるということがわかると思います。

これは、誰でも知っている「てこの原理」です。物理の世界ではこのスパナの柄を「モーメントアーム」と呼びますが、「モーメントアーム」が長ければ長いほど、「地面反力」

を高い回転力に変換することができるというわけです。

これを再度スウィングに置き換えて考えると、「地面反力」が作用するポイントを、「前後軸」の中心（＝体の重心）よりも遠いところに置けば、「モーメントアーム」は長くなるということです。具体的には、「地面反力」のベクトルが（通常はダウンスウィングの初期に）重心の右側を通っていれば（体の正面から見て）、反時計回りのトルクが生じます。「地面反力」のベクトルが重心を通過してしまっては「モーメントアーム」の長さがゼロになって回転力が生まれませんし、反対に重心よりも左側を通るようなことがあれば、スウィングの回転と逆方向のトルクが生じ、スムーズなスウィングを妨げることになってしまいます。

「地面反力」を重心から遠いところに作用させれば体の回転力は高まる。モーメントアームが長くなるほど、生まれるトルクが大きくなるからだ

「ビハインド・ザ・ボール」は地面反力を有効に使えという教えだった!?

# 従来の方法論を科学的に体系化したのが「反力打法」

「地面反力」のベクトルをコントロールするためには、左右の足で地面に異なる圧力をかける必要があります。「地面反力」は、プレーヤーが地面にかけた圧の反作用として上方向に生じますが、人間が両足で地面に立ってスウィングしている以上、地面への圧力は両足から別々に生じ、その左右の「地面反力」の合力として作用します。そのため、右足で地面にかける圧よりも左足で地面にかける圧のほうが大きければ、その反力の合力は体の正面から見て右へ傾くというわけです。その結果、「地面反力」は重心から右にズレたところを通過し、モーメントアームが長くなって、大きな回転力を生むのです。

古くから「切り返しで左足を踏み込め」という指導が行われてきましたが、これはまさに、右よりも左を強く踏み込むことによって「地面反力」のベクトルが右に傾き、モーメントアームが長くなって回転力が増すという経験則からきた教えだったと言えます。「地面反力」が傾くということは、「地面反力」の水平成分が大きくなっているということです。左足で踏み込むことで確実に左足側に働く力が大きくなり、ＣＯＰ（足の加重の中心）が左足側に移動しますが、それがベクトルを傾けるうえで必要不可欠なのです。

同様に「頭を右に残せ」という指導も、頭という重量物を右寄りに残しておくという意味では体の重心、すなわちセンター・オブ・マスが左に流れるのを防ぎます。ダウンスウィングのときには上半身が目標方向に傾き、重心が左に流れることを防ぎます。結果として「地面反力」と重心との距離を確保し、モーメントアームを長くする効果があるのです。

このように、古くから言われてきたゴルフスウィングの「常識」の多くは、「地面反力」を効果的に使うという目的と合致しています。「反力打法」は、まったく新しいスウィング理論なのではなく、グッドスウィングの新解釈であり、これまで経験則として曖昧に語られてきた方法論を、科学的に証明し大系化したメソッドなのです。

## 左足により大きな圧力をかけることで「地面反力」を右に傾ける

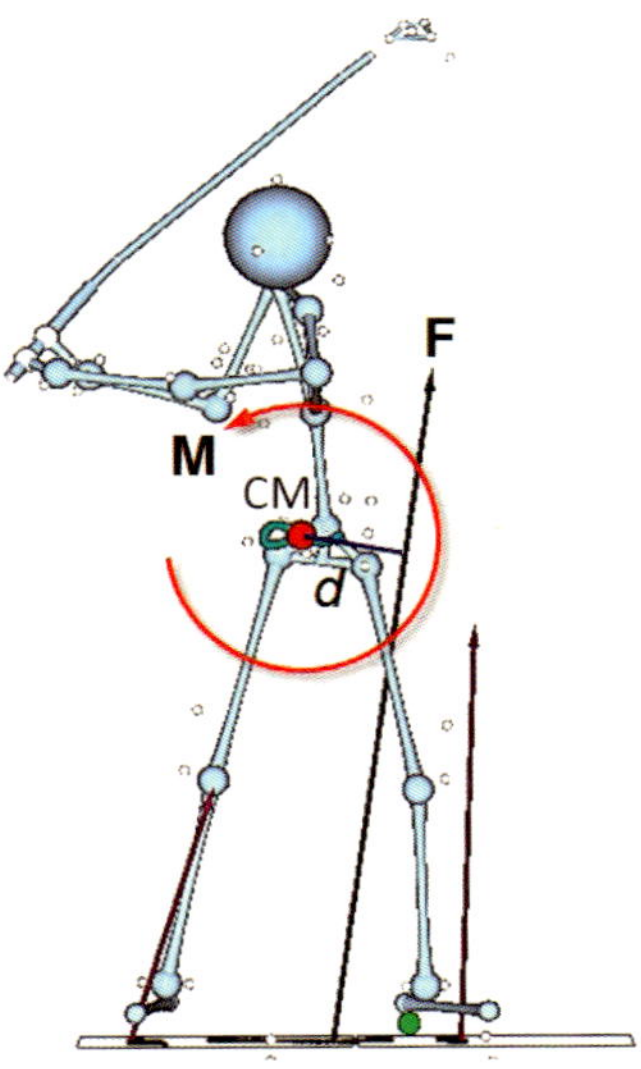


左足を右足よりも強く踏むことで、「地面反力」のベクトル（F）は正面から見て右（飛球線方向）に傾き、モーメントアームを長くする。回転力Mは「F（地面反力）×d（モーメントアームの長さ）」で決まる

## ダウンスウィングの
## 右足の踏み込みが強いと
## 回転力の妨げとなる

左に踏み込めず、右足加重が強くなると、左右の足の反力を合わせた合力が右足寄りになり、体の反時計回りの回転を妨げるように働いてしまう

## 「竹とんぼ」の回転をイメージしてみよう

# 「地面反力」を生み出す体の動き

「地面反力」が生み出す回転とはどのような動きかは、日本の伝統のおもちゃ「竹とんぼ」をイメージするとわかりやすいでしょう。真ん中に軸があり、その軸を中心に高速回転することによって周辺部分であるプロペラが回って揚力を生み、飛んでいく。ゴルフスウィングは、プロペラの代わりにゴルフクラブがあると考えてください。軸を高速回転できれば、クラブヘッドのスピードも上がり飛距離を稼げます。

では竹とんぼを飛ばすために勢いよく回転させるにはどうするか。左右の手のひらで軸を挟んで、その手をズラすように互い違いに動かすはずです。ゴルフスウィングにおいても、同様の動作をすることで、「垂直軸」での高速回転が可能になります。

具体的には、ダウンスウィングで「右足を蹴る」動作がそれです。正確には右足を背中側に、左足をお腹側へと互い違いに地面を蹴るのですが、この「蹴り」によって生じた地面反力が、頭上から見て反時計回りの回転力を生むのです。

このとき右足が主体となるのは、「モーメントアーム」の長さを生かすためです。切り返しでは、「前後軸」での回転力を大きくするために左足主体で踏み込みますが、これによって回転軸となるセンター・オブ・マスは両足の真ん中よりも左に寄ります。その状態で「地面反力」を有効に使うには、センター・オブ・マスよりも遠い位置にある右足で地面を蹴る（つま先側に踏み込む）動きが、「垂直軸」周りの回転を加速するために必要だというわけです。

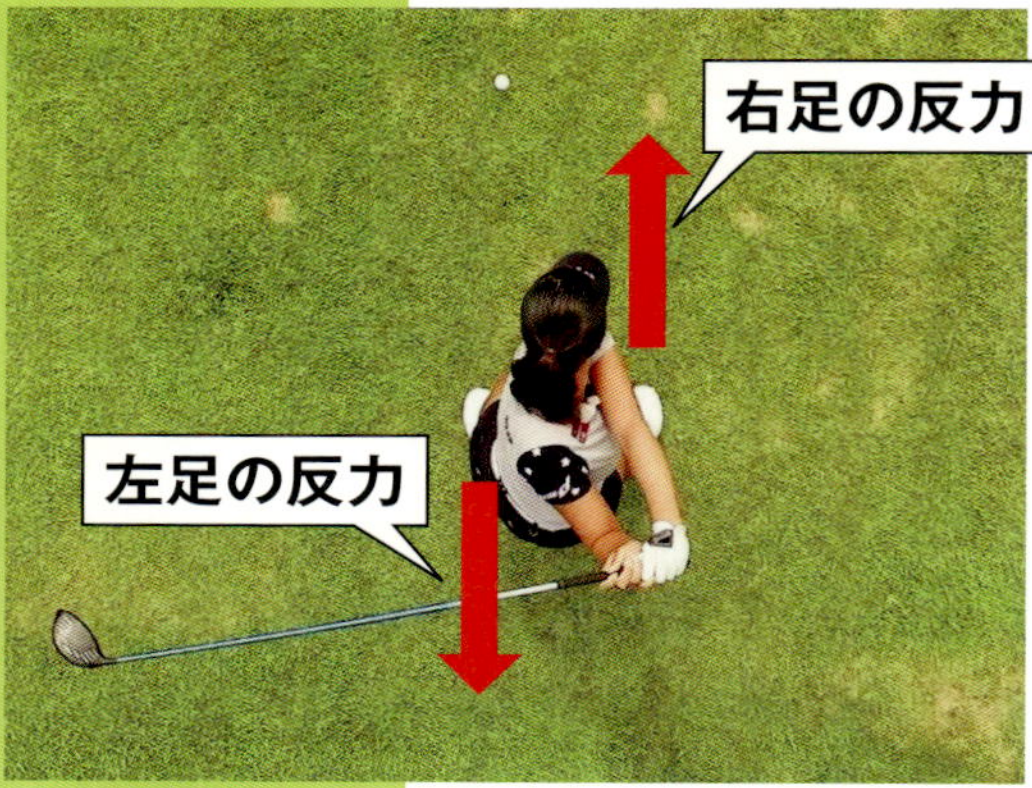

センター・オブ・マスから遠い右足を後方に蹴る動きが、大きな回転力を生む

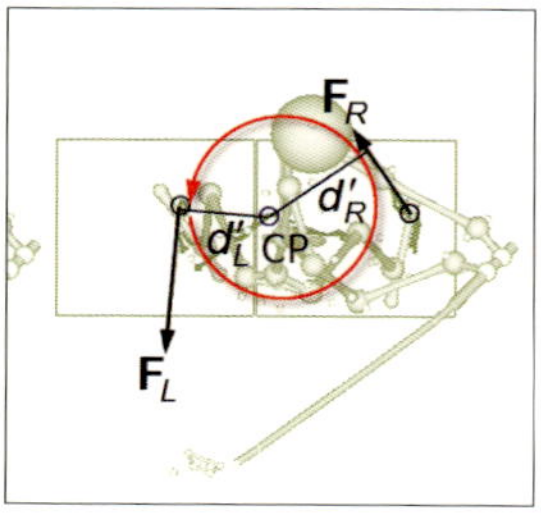


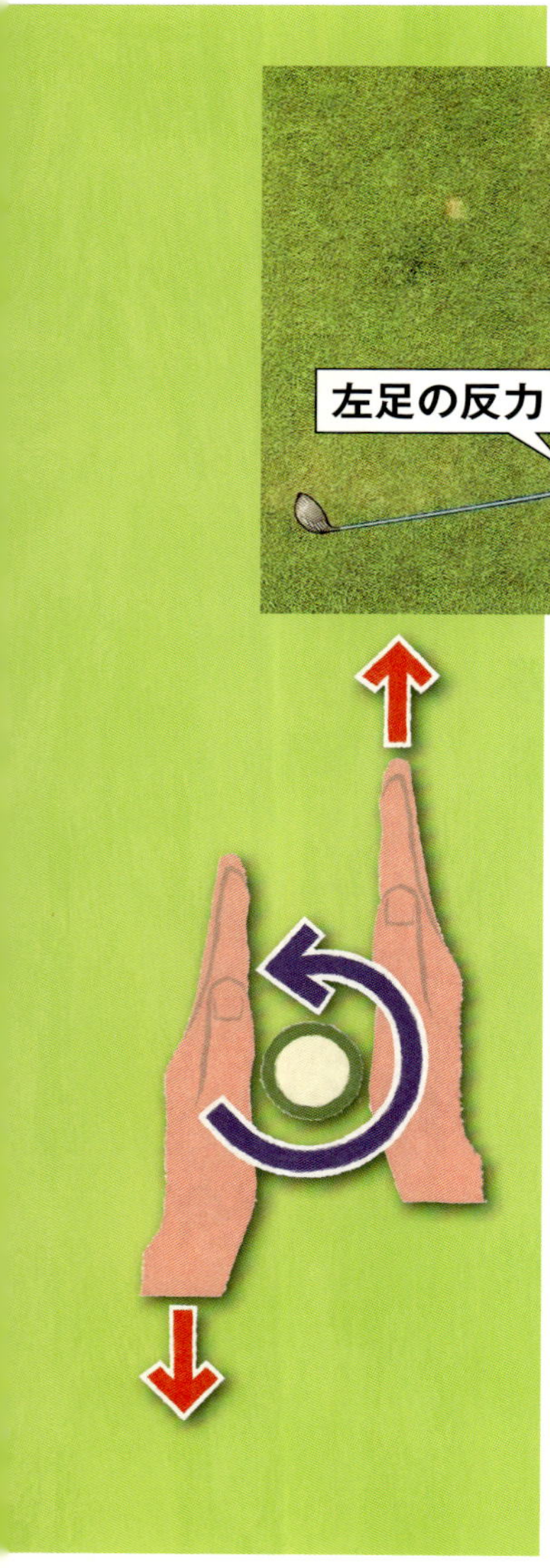

竹とんぼを飛ばすときのように、（上から見て）右側に前向きの力、左側に後ろ向きの力を加えれば、反時計回りの回転力を生むことができる

タイガーの元コーチ

クリス・コモからのメッセージ①

# 「反力打法」はヘッドスピードを最大にするために最適なメソッドです

私はレッスンのなかで「反力打法」のコンセプトをいくつかの方法で取り入れています。

まず1つはピボット（体の旋回軸）を考えるとき重要な役割を果たすと考えます。どれくらいローテーションすればよいのか？　どの程度、横の動き（ラテラルムーブメント）を入れるべきなのか？　最適な軸の傾き具合は？　といったスウィング全体の適正な動きを特定するために活用しています。

もう1つは「地面反力」によってヘッドスピードを最大にしながら理想のインパクトモーションを実現し、スウィングに勢いをつけることができると考えています。

教える側と教わる側が同じ方向を向き、ヘッドスピードを最大化するために必要な体の動きを理解し、方向性を上げるために使用すべきツール、それこそが「反力打法」なのです。

クラブを〝上げただけ〟に
なっていませんか？

# バックスウィングは飛ばしに欠かせない「カウンター動作」

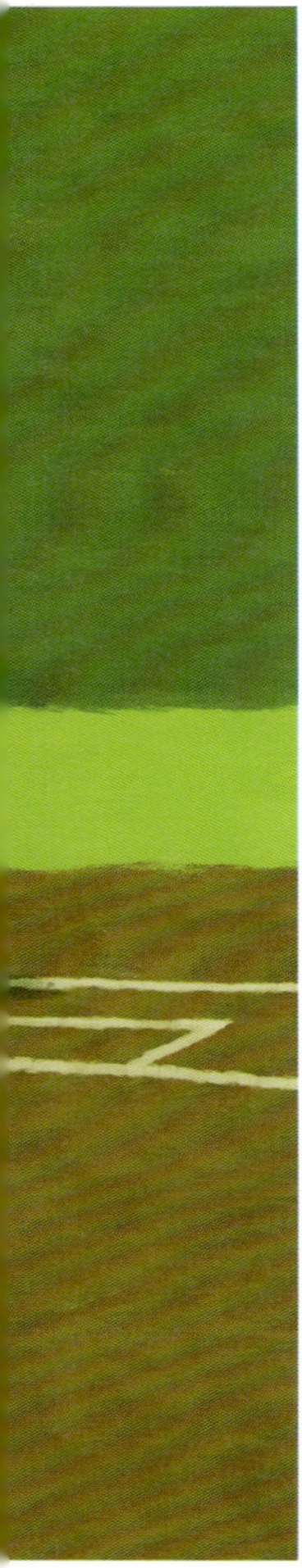

「地面反力」が、ダウンスウィング以降の体の回転を促進するパワーとして非常に有効だということが、ここまでの説明でおわかりいただけたでしょうか？

飛距離を伸ばすためには、ダウンスウィングで「地面反力」を上手に使うことが肝心なのですが、そのためにはバックスウィングが大切だということも忘れないでください。

トップの形さえしっかりしていればバックスウィングはどう上げてもいい、という考え方もあるようですが、それは大きな間違い。バックスウィングは、ダウンスウィングで「地面反力」を活用するための「カウンター動作」としての役割を担っているのです。

「カウンター動作」は、ある動作を行う直前に、その動作と逆向きの動きを入れることを

動きの直前に、反対方向への動きを入れることで反動を使うのが「カウンター動作」。ゴルフのバックスウィングもこれに当たる。バックスウィングが「カウンター動作」として機能すれば、ダウンスウィングで「地面反力」をより有効に使うことができる

## 小さな力で大きく飛べるのは「カウンター動作」を使ったジャンプ

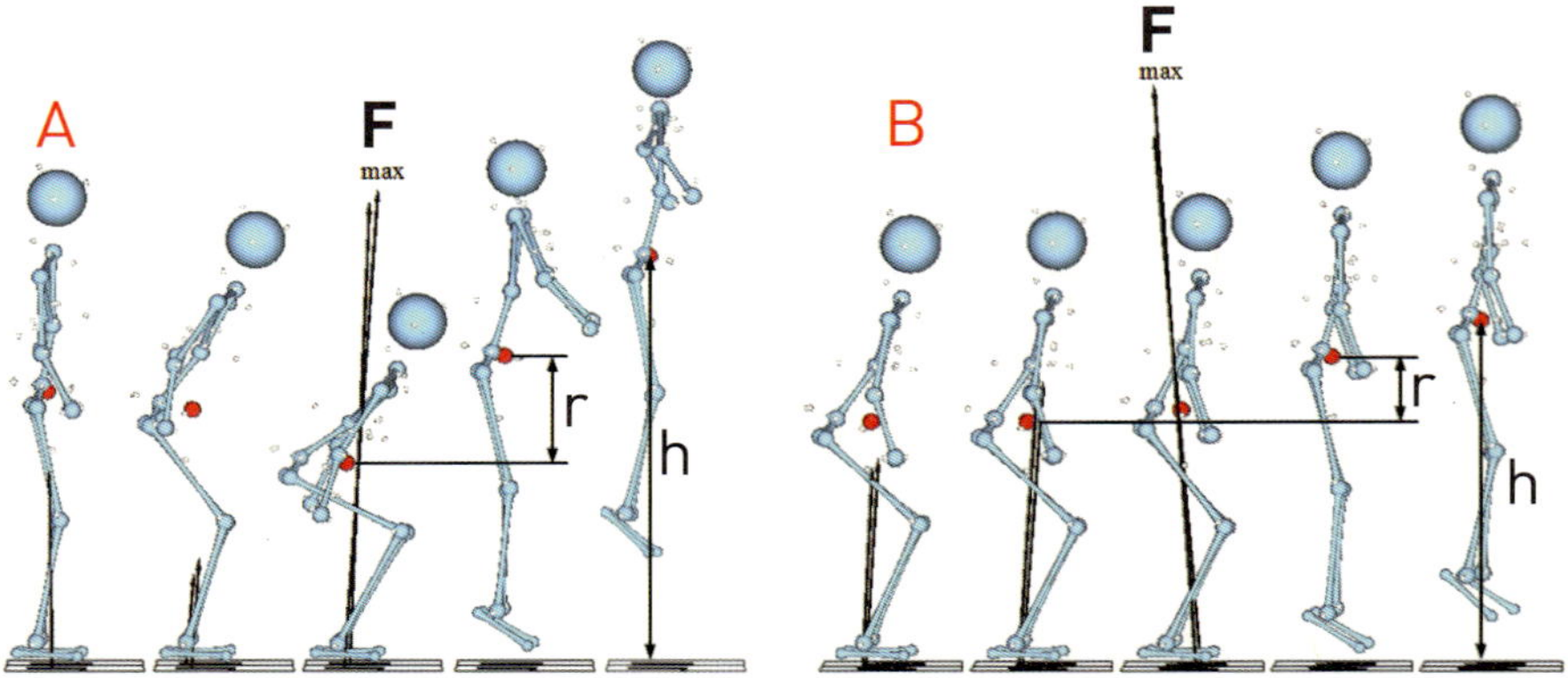


「カウンター動作」を使ったジャンプ（A）と使わないジャンプ（B）を比較すると、「カウンター動作」を使ったジャンプ（A）のほうが、動きの幅（r）が大きくなることがわかる。動きの幅が大きくなることで、「地面反力」（F）を有効に使うことが可能になるため、より高く飛ぶことができるのだ

指します。ジャンプする直前の沈み込みや、野球のバッターがスウィングする直前に少しバットを後方に引く動き、ピッチャーが投球モーションでボールを持った手を後ろに引く動きなどがこれに当たります。ゴルフスウィングにおいても、バックスウィングがまさにこの「カウンター動作」なのです。

「カウンター動作」という言葉にピンとこなければ、「反動を使う」ことだと考えてみてください。ダウンスウィングとは反対の動きをすることで「動きの幅」を大きくし、末端部分、ゴルフスウィングならクラブのヘッドを速く動かす。これが「カウンター動作」（反動）だというわけです。

## バックスウィングの途中からダウンスウィングは始まっている

# トップに「止める」意識は必要ない

バックスウィングが「カウンター動作」として機能するためには、バックスウィングの途中からダウンスウィングが始まっていることが重要です。その意味では、スウィングをトップで止めて「間」を作ろうとするのは、「カウンター動作」が使えない、反力を殺してしまう動作と言えます。

松山英樹選手や藤田寛之選手のように、トップで一瞬止まっているように見えるプレーヤーもいますが、彼らはスウィングのリズムがゆっくりなのでそう見えるだけ。外から見ると止まっているように見えますが、内部の動きや力の伝達は非常にスムーズで、決して止まってはいないのです。トップに到達する直前に、左足を踏み込み、左にしっかりと加重しています。

トップに到達する前に左に踏み込むということは、上半身が時計回りしているうちに、下半身が反時計回りに回転し始めるということ。つまり、上半身と下半身がそれぞれ分離されて別々に動くことが非常に重要です。

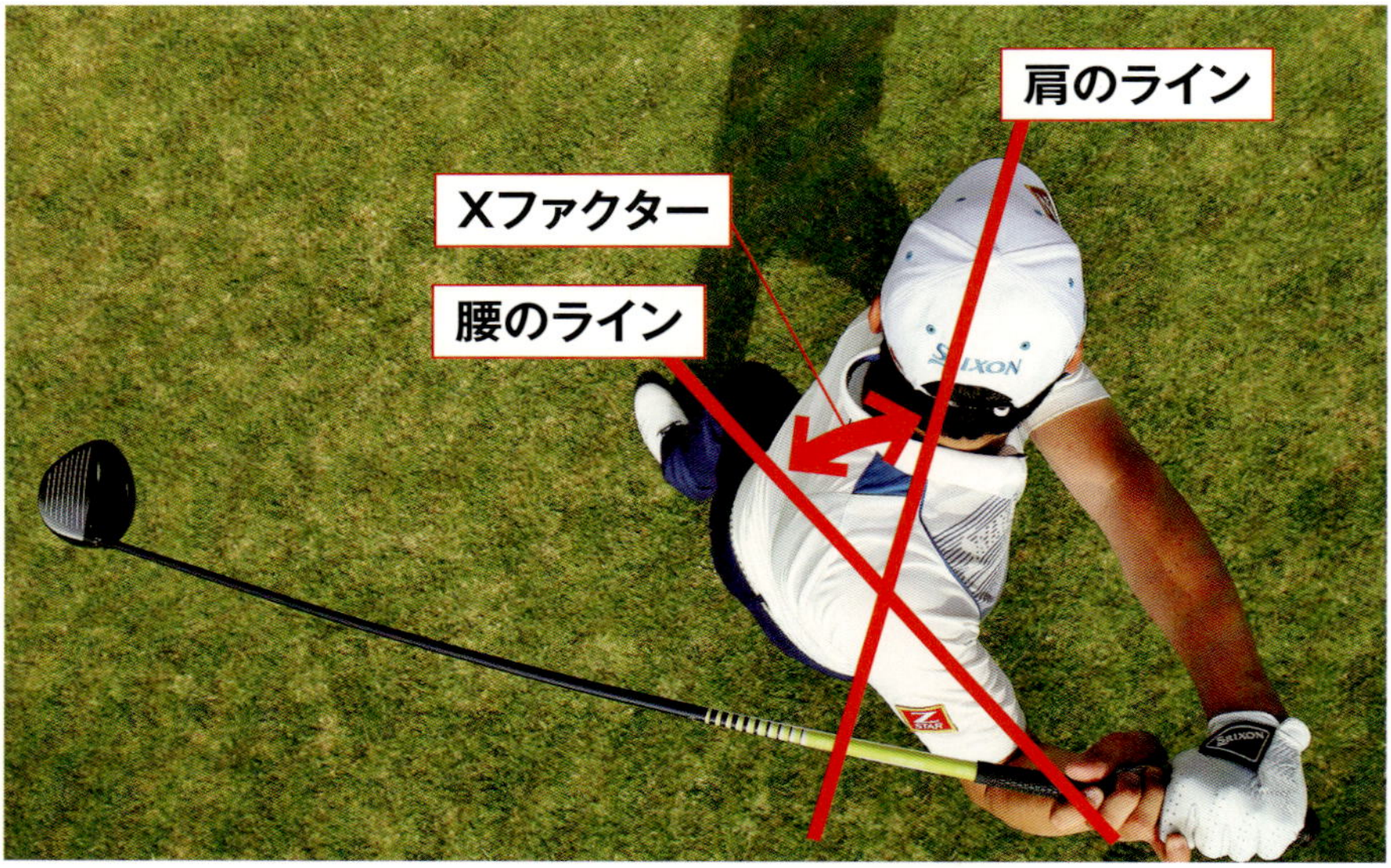


肩と腰のラインが作るラインが「X」状に交差することから、上下の捻転差のことを「Xファクター」と呼ぶが、静止状態での捻転には意味がなく、上下がセパレートされて動いているなかで生じる捻転差こそが重要

ゴルフのレッスンでは、古くから「上下の捻転差を作れ」という指導が行われてきました。この捻転差は、頭上から見たときの肩と腰のラインが交差することから「Xファクター」とも呼ばれ、この交差量が大きいほど飛距離面で有利であると言われています。

しかしこの実態は、ただねじれてさえいればいいということではなく、上下がセパレートされた動きによる「カウンター動作」が不可欠なのです。上下がちゃんとセパレートされ、上半身が時計回りをしている間に下半身が反時計回りを始めれば、「地面反力」をスウィングに生かすことができ、その結果、「Xファクター」も静止状態では作り出せない深さに達します。

## ダウンスウィングはなぜ左足を踏み込む動作から始めるのか

# 「切り返し」はブランコのイメージ

ゴルフスウィングを「前後軸」の回転で見ると、バックスウィングで、体の正面から見て時計回りに回転している状態から、切り返してダウンスウィングが始まる際に反時計回りへと方向転換が行われます。

このスウィングの方向転換をスムーズにしかも効率よく行うためには、バックスウィングでは右足を踏んでセンター・オブ・マス（重心）の右側（右足寄り）を通る「地面反力」を使い、ダウンスウィングでは左足を踏み込んでセンター・オブ・マスの左側（左足寄り）を通る「地面反力」を使う必要があります。

ここで最も重要なのは、左足を踏み込むタイミングです。バックスウィングの途中、腕やクラブがトップに到達する前に左足を踏み込んで、「地面反力」のベクトルを早めに左に傾ける必要があるのです。

なぜならば、スウィング中の見た目の動きと体にかかっている回転力にはタイムラグがあるからです。

これはブランコをイメージしてもらうとわかりやすいでしょう。ブランコが前方から戻ってきて最下点をすぎたあと、慣性の法則で背中側に上昇していきます。このとき、重力による下方向への力は最下点をすぎてからもブランコに対して加えられていますが、見た目の動きとしては、ブランコはまだしばらく背中方向に動き続けて上昇していきます。その後ブランコのスピードは低下してやがて止まり、方向転換して下降し始めますが、見た目の動きが生じるのは（最下点を通過して）重力によるブレーキがかかり始めてしばらく経ったあとなのです。

つまり、ブランコが最下点をすぎて背中方向に上がっている過程では、ブランコが上がっていく実際の動きと重力による下向きの力の向きが一致していない期間があるのです。ゴルフスウィングも同様に、外から見た動きとしては、クラブも体もまだトップに向かって時計回りに動いているうちに逆回転の力をかけ始めないと、前述の「カウンター動作」を生かせないのです。

そのため、スウィングがトップに到達する前に左に踏み込み、反力のベクトルを大きく左足寄り（飛球線方向）に傾け、モーメントアーム（回転軸と力がかかる場所の距離）が長い状態で地面反力を使って、スウィングを逆回転させるための力を生むことが重要なのです。実際、バックスウィング中に体の回転を逆向きにする力は、地面を利用することによって発生しています。

# “切り返し”にはブランコと同じ動きのタイムラグがある

ゴルフスウィングの切り返しには、ブランコが戻りながら背中側に上昇しているときのように、見た目の動きとかかっている力にタイムラグがある

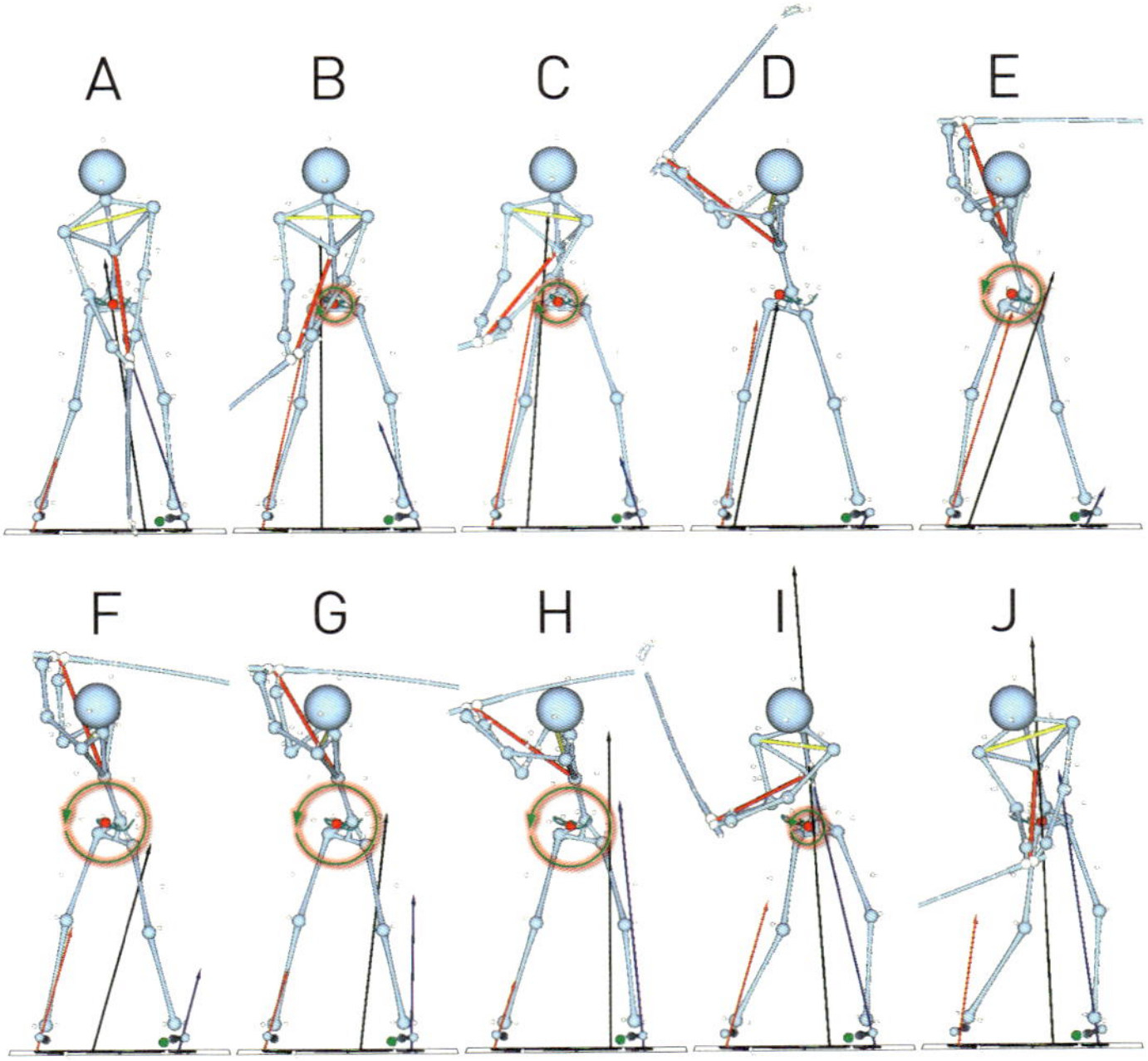


バックスウィングの始動では時計回りの回転力が働いているが（A〜C）、Dの段階で回転力が0になり、Eでは回転力が反時計回りに転じている。これは左足の踏み込みによって「地面反力」の合力（黒い矢印）が左足寄りに大きく傾いていくため。この回転力に引っ張られるようにダウンスウィングが開始し（F〜H）、回転力が小さくなっても惰性でクラブヘッドは加速していく

## 切り返しで左足を踏み込む もう一つの意味

# 「地面反力」をさらにパワーアップして回転力に

垂直軸の回転を考えるうえでも、早めに左足を踏み込むタイミングは大きな役割を果たしています。

スウィングを頭上から見たときに体が反時計回りに回転する力は、足を前後方向に蹴る動きによって生じる「地面反力」から生まれます。そして、この回転力は圧力の中心位置「センター・オブ・プレッシャー」を中心として発生します。「センター・オブ・プレッシャー」は、体重移動と連動して、右足を強く踏んでいるときは右寄りにあり、左足を強く踏んでいるときは左寄りにあります。

この「センター・オブ・プレッシャー」の移動を利用して大きな回転力を生み出すために欠かせないのが、左足の踏み込みなのです。

バックスウィングで右足に体重が乗っていて、「センター・オブ・プレッシャー」が右にある状態で左足を踏み込めば、回転の中心と力が作用する点（踏み込んだ左足）の距離、「モーメントアーム」が長くなり、大きな回転力が生まれます。さらに、左足を踏み込んで「センター・オブ・プレッシャー」が左にシフトしてから右足の「反力」を使うことで、やはり長い「モーメントアーム」で大きな回転力を生むことができるのです。

切り返しで左足を踏み込むと、回転の中心となるCP（センター・オブ・プレッシャー、圧力の中心）が左寄りになる。このタイミングで、バックスウィングでかかと側に踏み込んだ右足の反力が前向き（つま先側）に働けば、強い回転力を生むことができる

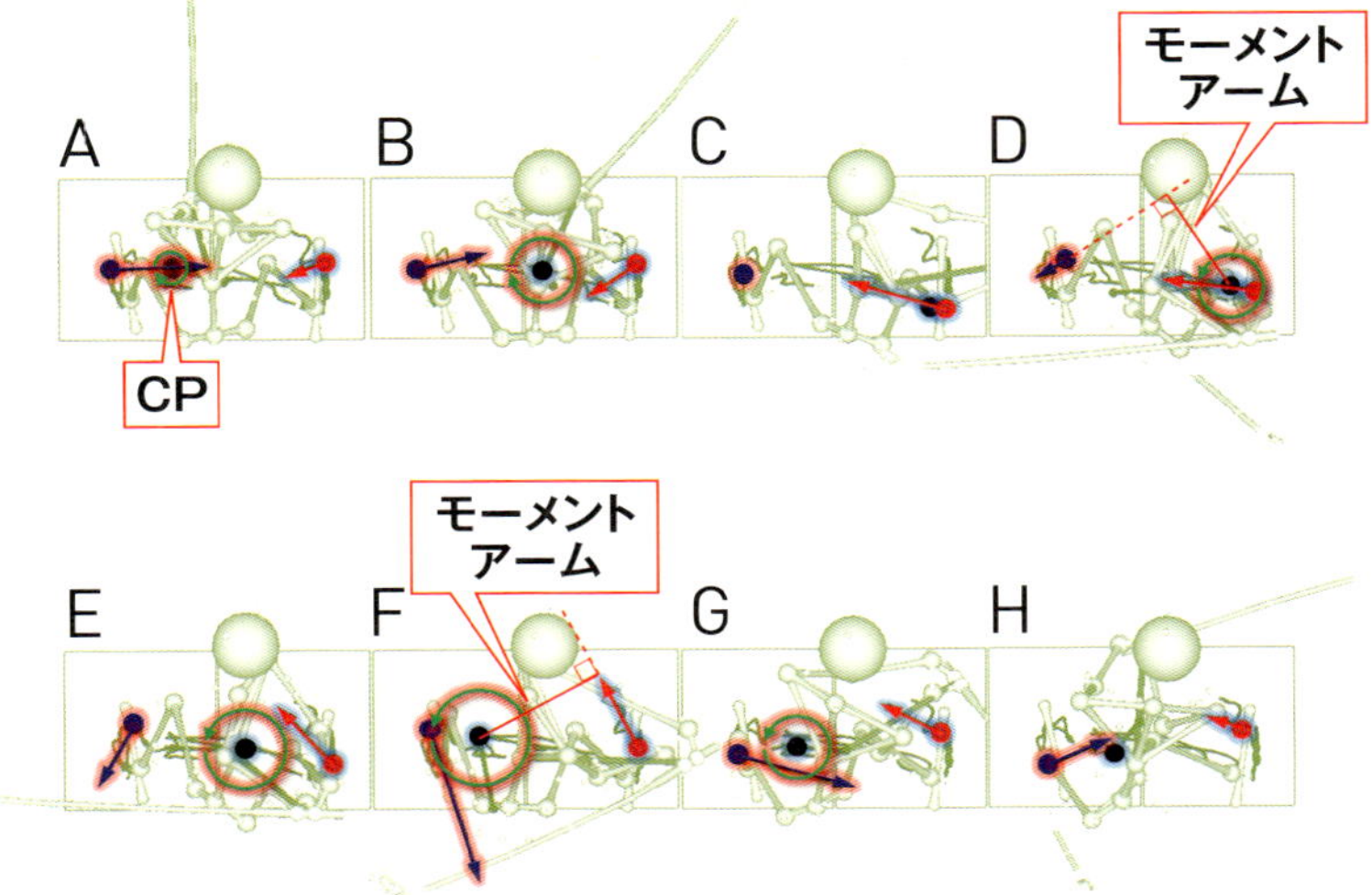


時計回りの回転でバックスウィングが始まり、Cを境に回転力は反時計回りに転じる。左足を踏み込んだ直後のDの段階では左足の後ろ方向への回転力は小さいが、「モーメントアーム」が長いためある程度の回転力が生じている。そしてダウンスウィングに入って「センター・オブ・プレッシャー」が左に移ると、右足の前方向への反力によって、大きな回転力を生じている（F）

## 「手打ちがダメな理由」はバイオメカ的に見れば一目瞭然

# 体が動く順番「運動連鎖」を意識しよう

上下がセパレートされた動きをするうえで重要なのが「運動連鎖」です。下半身から動き始めて、その力が下から上に流れるように伝わって上半身を動かすという動きの順番が正しくたどられなければ、「地面反力」は使えません。

「運動連鎖」は、もともとは野球などの投球動作の解析から生まれた概念です。ものを投げるとき、末端部分である手の指を最大限に加速するために、腰を回し、それから腕、ひじ、手首と順番に体を動かしていく。これが「運動連鎖」です。

ゴルフの場合は片手だけを振るわけではないので少し複雑になりますが、末端部分であるクラブヘッドを走らせるという意味では投球動作と同様に、正しい順番で体を動かす必要があります。

従来のスウィング理論では、手の力に頼らず大きな筋肉である下半身を主体にするという点や、下半身から動き出すことでクラブがインサイドから下りてくるスペースを作るという意味で「下半身主導」ということが言われてきましたが、「地面反力」を使うという意味でも、「下から上へ」動く順番は非常に重要なのです。

具体的には、バックスウィングを右足で地面に圧をかける動きから開始し、ダウンスウィングは左足の踏み込みから始めること。これを忘れないでください。

ゴルフの大敵である「手打ち」や「力み」は、この「運動連鎖」を無視して、末端部分である手を、いきなり速く動かそうとすることから生じるものなのです。

正しい順番で体を動かすことができれば、無駄な力を使わずにヘッドスピードを上げることができますし、体への負担が少なくなるのでケガをしにくくなります。

## 関節をたくさん動かすほど体の負担は少なくなる

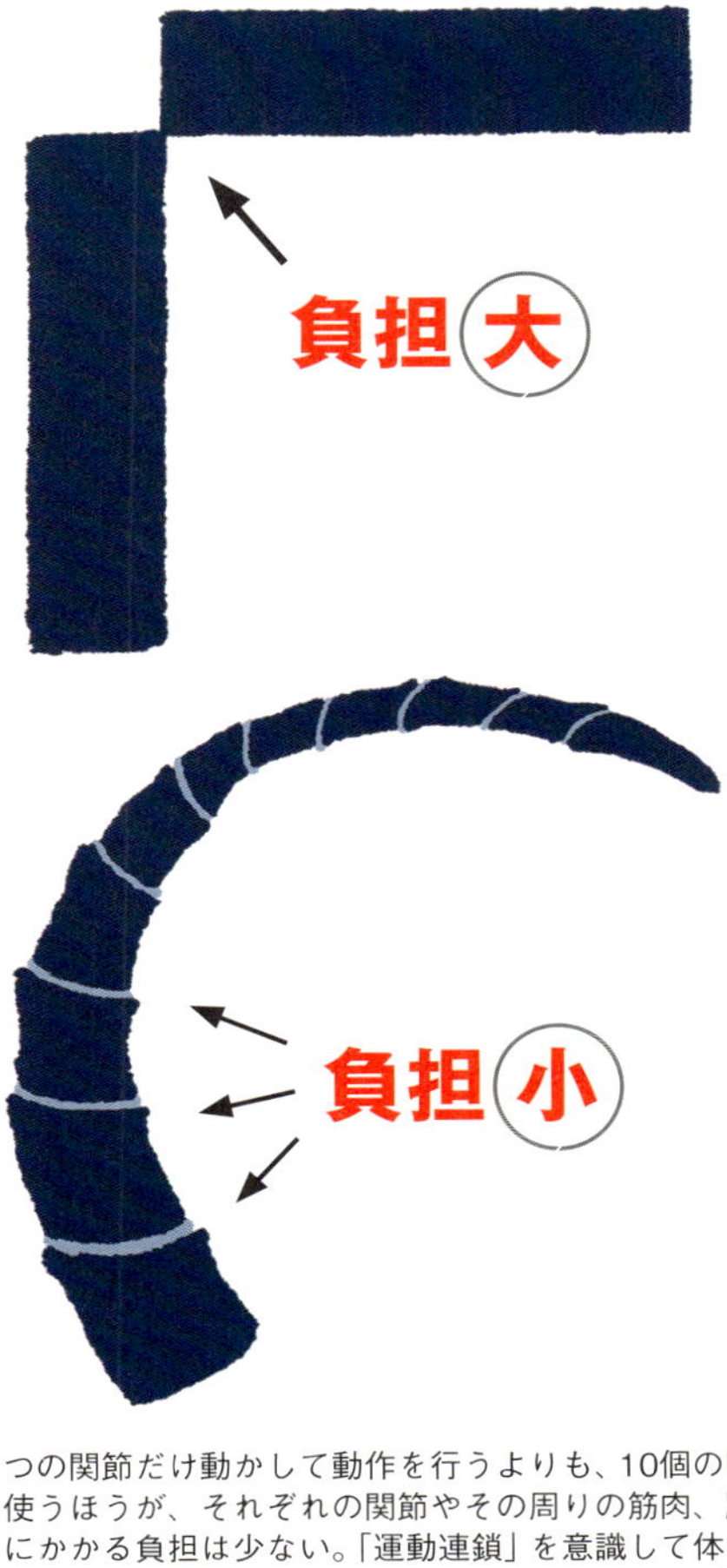


1つの関節だけ動かして動作を行うよりも、10個の関節を使うほうが、それぞれの関節やその周りの筋肉、腱などにかかる負担は少ない。「運動連鎖」を意識して体を動かせば、多くの関節を使うことができるので、ケガをする可能性も低くなるというわけだ。下半身を固定して上半身だけで動作をする、全身を使って動作をする。この比較を考えれば明らかだ

ANGELS
17

## 運動連鎖がめちゃくちゃな150キロ投手は存在しない

150kmを超える剛速球を投げるピッチャーは、例外なく、最初に股関節、次に胸（胸郭）、肩、ひじ、手首という順番で体を動かしている。体が動く順番「運動連鎖」を意識すれば、末端部分である手（ゴルフならクラブヘッド）を最大限に加速することができる

「飛球線方向軸」の回転が正確なインパクトを実現する

# ダフらないための2つの秘訣

正しい「運動連鎖」でスウィングするうえで、手や上体の必要以上の力みは、スムーズな動きを妨げる障害となります。その意味では、スウィング中は体幹部分をしっかり締めて使い、末端部分はリラックスした状態を保つことが大事です。グリッププレッシャーもあまり強くしたくありません。

しかし、グリップはただゆるく持っていればいいというわけではありません。スウィング中、手からクラブには大きな求心力が加えられています。その力が発揮されないとクラブに上体が引っ張られてボールと体の距離が保てず、ダフってしまいます。そのため、十分な求心力を手から発揮できるように、クラブを「しっかり握る」ことが大事です。

ただし、「しっかり」の域を超えて力みが生じるほど「強く」握ってしまったり、手でクラブを引っ張る動きが生じると、体全体のスムーズな動きを損ないやすく、左ひじが引ける「チキンウィング」にもなりやすいので注意が必要です。

そしてもう1つ、遠心力に負けてダフらないようにスウィングするために重要なポイン

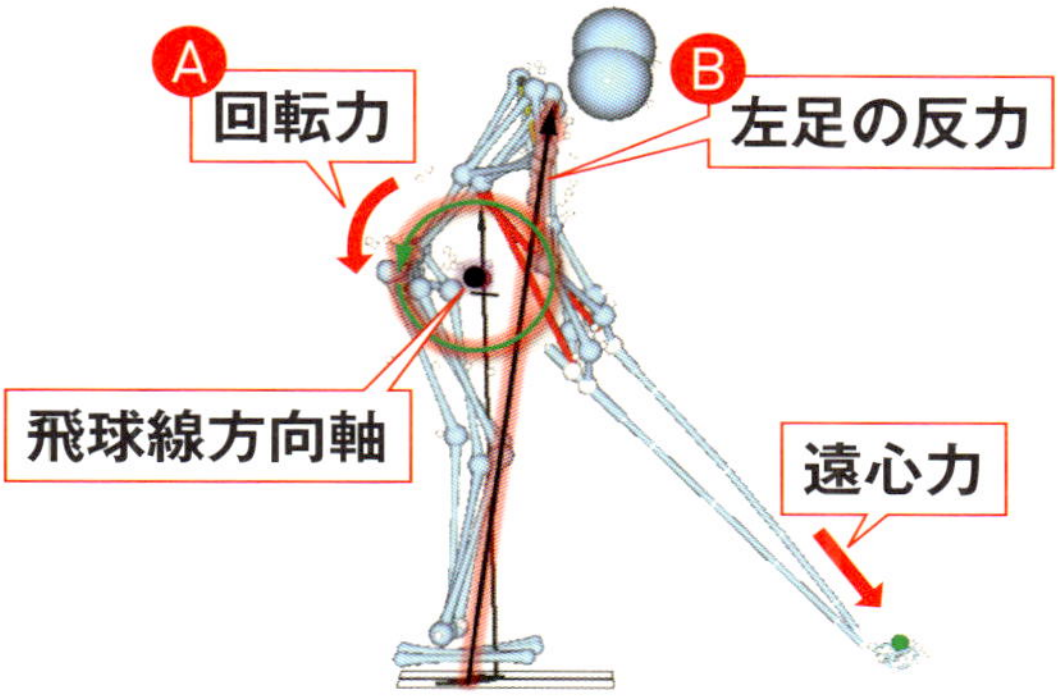


ダウンからインパクトにかけて、左足を真ん中から、かかと側に踏み込むことで前側に傾いた「地面反力」（B）が生じる。これが「飛球線方向軸」に対して（後方から見て）反時計回りの回転力（A）を生み、クラブの遠心力に上体が引っ張られるのを防ぐ

トがあります。それは3つめの軸、「飛球線方向軸」の回転です。「地面反力」によって生成される「飛球線方向軸」周りのトルクが、クラブを引く力を提供しているのです。

ダウンスウィングで左足を真ん中から、かかと側に踏み込むことによって、飛球線後方から見るとやや前向きの「地面反力」が発生します。すると、この反力がセンター・オブ・マス（回転の中心となる体の重心）の前側を通ることによって、「飛球線方向軸」に対して反時計回りの上体が起き上がるような回転力へと転換されます。このトルクがクラブの遠心力と拮抗することで、体とボールの適正な距離が保たれ、ダフらずにボールをとらえることができるのです。

## 左足は踏ん張らない。ひざを曲げたままキープしない

# 左のカベは「地面反力」が作ってくれる

「地面反力」を有効に使うために。従来のスウィングの考え方と異なるイメージを持ってほしい点がいくつかあります。

従来のスウィング理論では、ダウンスウィング以降で体が左に流れるのを防ぐ「左のカベ」を重視し、「左足を踏ん張る」とか「左ひざを曲げたままキープする」というような指導が多く行われてきました。しかしこういった考え方は、「地面反力」を使ってスウィングする上では、スムーズな動きを阻害し、「地面反力」の働きを損なうことにつながります。

「地面反力」は、地面を押したときに地面から体に対して反対方向に発生します。発生した力は、それを妨げることなくセンター・オブ・マス（体の質量の中心・重心）のヨコを上方向に突き抜けていくことで、体の回転を最大限に加速します。切り返しで左足を踏み込んだらダウンスウィング中に左ひざを伸ばして、地面から発生した反力を有効に使わなくてはなりません。

左に踏み込んだあと、左足は踏ん張らずに「伸ばす」ことで「地面反力」をムダなく回転に利用することができる。この動きがスピーディな選手は、ジャンプするような動きに見える

このとき「左ひざを踏ん張る」とか「左ひざを曲げたままキープする」という意識を持っていると、「地面反力」を生かすことができなくなるというわけです。

ジャスティン・トーマスやレクシー・トンプソンのようにインパクトでジャンプするように見える選手は、この加重と「左ひざを伸ばす」動作を非常にスピーディに行っています。こういったタイプの選手は、右足を「蹴る」というように表現することが多いですし、比較的静かに行うタイプの人は左足を「踏む」とか「地面を押す」というような表現になりやすいと言えます。

このとき反力は、センター・オブ・マスの左側（左足寄り）を通るので、体が左に突っ込むのを防ぐ力にもなります。「左のカベ」は、踏ん張ることによって自分の内力で作ろうとしなくても、外力である「地面反力」が自然と作ってくれるというわけです。

Dr. クォンの「反力打法」 ここにも注目 1

## 大切なのはジャンプよりプッシュ
# "ジャンプ"を勘違いしていませんか?

### ダウンの早い段階で「地面反力」が最大になる

ある上級者のスウィング。Cの段階で、「地面反力」の合力が体重を大きく上回っている。このタイミングで地面を強くプッシュしている証拠。ジャンプはこのプッシュの結果として生じるにすぎない

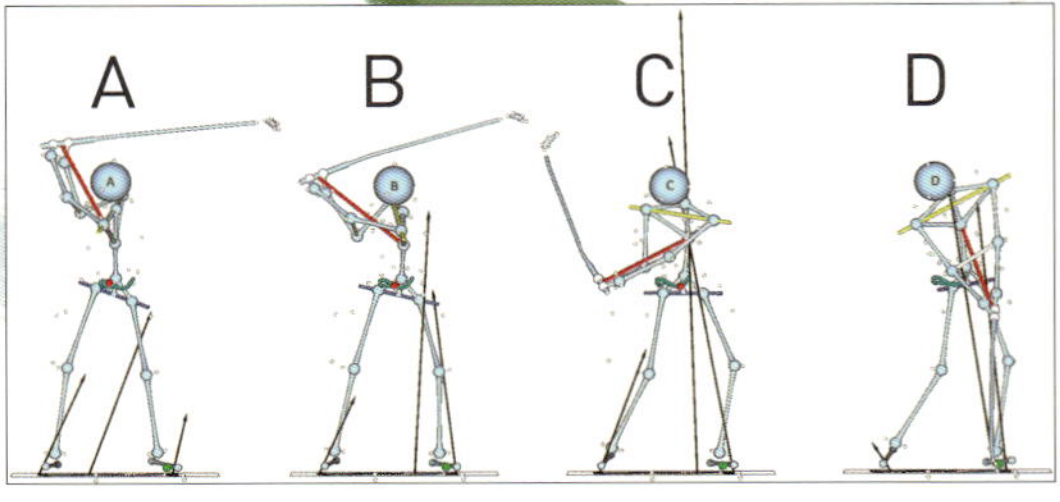

「反力打法」は「インパクトでジャンプして飛ばす」ものと、勘違いしているゴルファーが多いようです。

しかし、ジャンプする動きは足と地面の相互作用にすぎません。インパクトで意識的にジャンプしてもなんの意味もないのです。

ダウンの早い段階で地面をプッシュし、「地面反力」を同時に受け取る。その結果としてインパクトでジャンプするような動きとなりますが、「地面反力」はすでにダウンのときよりも小さなものとなっています。つまり、インパクト付近で地面をプッシュしてもタイミングが遅すぎるというわけです。

インパクトではなく、ダウンスウィングの早い段階で地面に力を加えるタイミングを覚えるためには、野球のバッティングのように目標方向に左足をステップしてから、体を水平に回す"水平素振り"（157ページ参照）が有効です。

スウィング中に体は「上↓下↓上」と動く

# 上下動はタブーではない

もう1つ、従来のスウィング理論の概念から意識改革をしてほしい点があります。それはスウィング中の上下動です。

スウィング中に体が上下に動くのは、ミート率を損なう原因として、従来のスウィング理論の多くでタブーとされてきました。これは、「垂直軸」のことだけを考えてスウィングするうえでは間違っているとは言えませんが、「前後軸回転」も考慮し、「地面反力」を使ってスウィングするうえでは明らかに不適切です。

実際、ゴルフスウィングはクラブや腕といった重量物が上下左右に動く動作です。そのなかでは、前述のように「飛球線方向軸」の回転を使うなどしてクラブの遠心力と体が引っ張り合うことが重要で、そのためには必ずしも上下動がタブーにはなりません。むしろ、積極的に上下動を使ってスウィングするほうがヘッドスピードを上げる上では非常に有効なのです。

具体的には、まず右足で地面を押した反力で伸び上がりながらバックスウィングしてい

## インパクトは「アドレスの再現」ではない

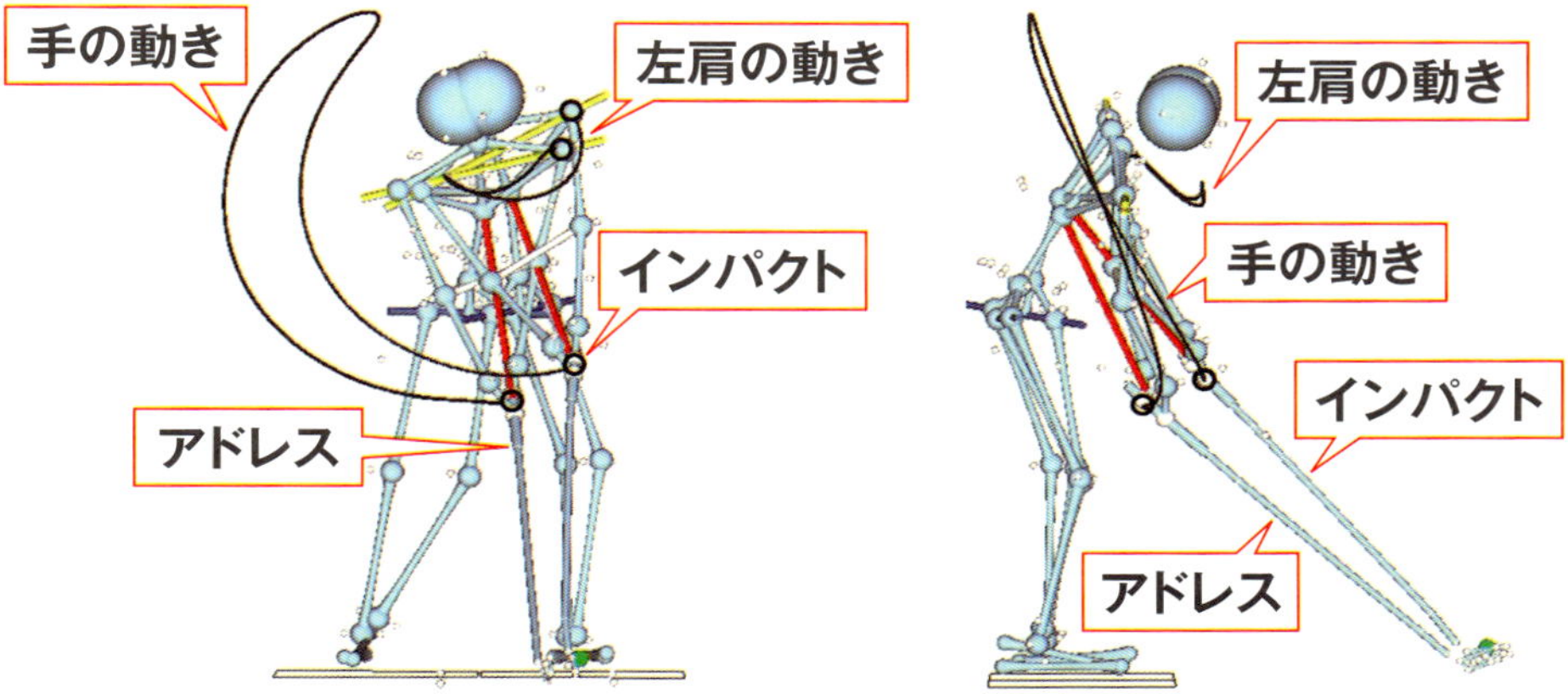


PGA級プレーヤーのドライバースウィングのアドレスとインパクトを重ねた図。2本の黒い線は、手の中心点と左肩の動きの経路を示したもの。この図が示すように、これら2つの位置での姿勢はまったく異なり、クラブもセットアップの位置には戻らず、インパクト時にはより直立した位置になる

きます。そして切り返しで左にしっかりと踏み込んで地面に圧をかけるので、ここで重心は下がります。そしてその反力を使ってクラブを加速させていくとともに、クラブの遠心力と拮抗するため、インパクト前後からフォロースルーにかけては伸び上がる動きが生じます。つまり、スウィング中に体は、「上→下→上」と上下動を繰り返すのです。

スライスに悩むアマチュアゴルファーの多くには、ダウンスウィングで腰が前に出て上体の前傾角度が大きく起き上がってしまうケースが見られます。そういう人は「インパクトで伸び上がる」と指摘されることも多いと思います。しかし、こういった「悪い伸び上がり」は、バックスウィングでボールから遠ざかる感覚を嫌がるあまり、バックスウィングで沈み込み、その反動でダウンスウィングで伸び上がっているものです。むしろ、バックスウィングで伸び上がることを恐れなければ、ダウンスウィングでの悪い伸び上がりを防げるケースも多いのです。

「体重移動はしない」が
重心は動いている

# センター・オブ・マスの動きを理解しよう

ゴルフスウィングにおいては「体重移動」について議論されることが多く、それについてさまざまな主張が存在します。

しかし「体重移動」を「どういう意識で行うか」というのは主観でしかなく、ある人にとっては正しくても、別の人には当てはまらないケースが多々あります。大事なのは、「どうするか」ではなく「どうなっているか」を正しく理解し、そのうえで自分にとっての正解を見つけることです。

「体重移動」という表現をしてしまうと、体を左右に揺さぶるような動きをイメージしてしまいがちですが、トッププロのスウィングを見るとその多くはあまり体が左右に揺さぶられませんし、意識的に体を揺さぶるようなイメージを持っている人は少ないはずです。しかしスウィング中には右足を踏んで左足を踏むといった動作が確実に行われています。

そこでその指標となるのが、センター・オブ・マスの移動です。センター・オブ・マス、つまり体の質量の中心は、スウィング中の動作によって上下左右前後に動きます。

細かく説明すると、まずバックスウィングの始動で腕とクラブが飛球線後方に引かれることによって、センター・オブ・マスは少し右方向（右足寄り）に動きます。これは、腕やクラブという重量物が動いた結果であって、体を右に揺さぶるわけではありません。

このあと、腕とクラブが上がっていくにしたがってセンター・オブ・マスの位置も高くなります。人によっては伸び上がりを嫌がって少し体を沈めるようにして相殺することでセンター・オブ・マスが上がらない人もいますが、これをやりすぎて体が沈んでしまうのはNGです。

切り返しからダウンスウィングでは、左への踏み込みとその後、腕とクラブが下りてくる動きにともなって、センター・オブ・マスは加速されて左へと動き、その後、減速します。そしてインパクト後、センター・オブ・マスはさらに左へ移動していくとともに、上方向へと上がっていきます。

全体的にセンター・オブ・マスは、水平方向では右→左という動きを示しますが、垂直方向には上方向→下方向→再度上方向と二度、動きを変化させます（74ページ参照）。

しかしこれらは、正しいスウィングをした結果このように動くという受動的な動きであるということを忘れないでください。自分の内力によってこのように「動かそう」とすると、多くの場合、スムーズなスウィングを損なうことになります。これは自然な動きであって、無理に動かそうとする必要はないのです。

## 体の重心は右から左、そして上⇒下⇒上へと動く

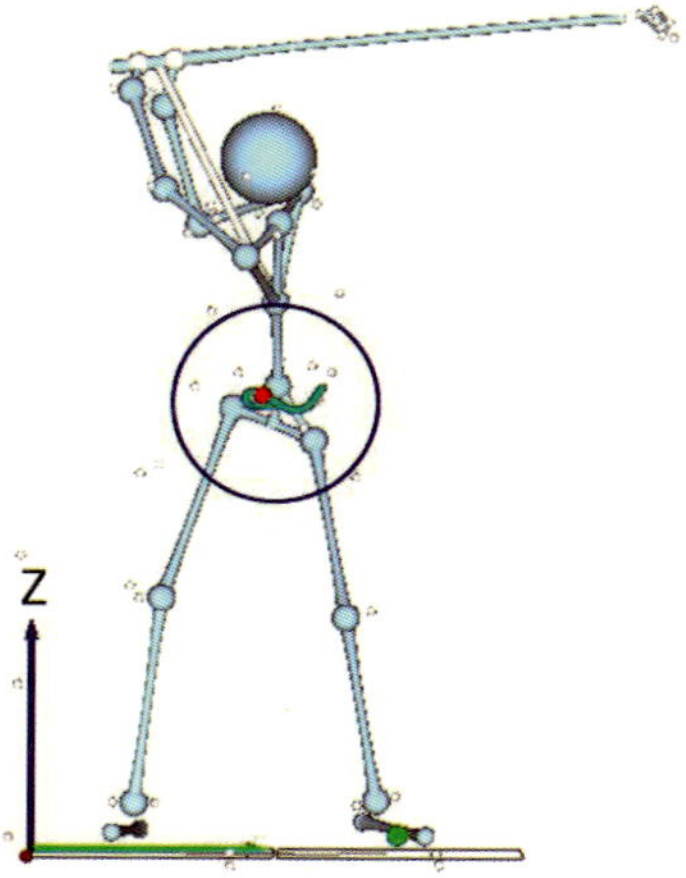


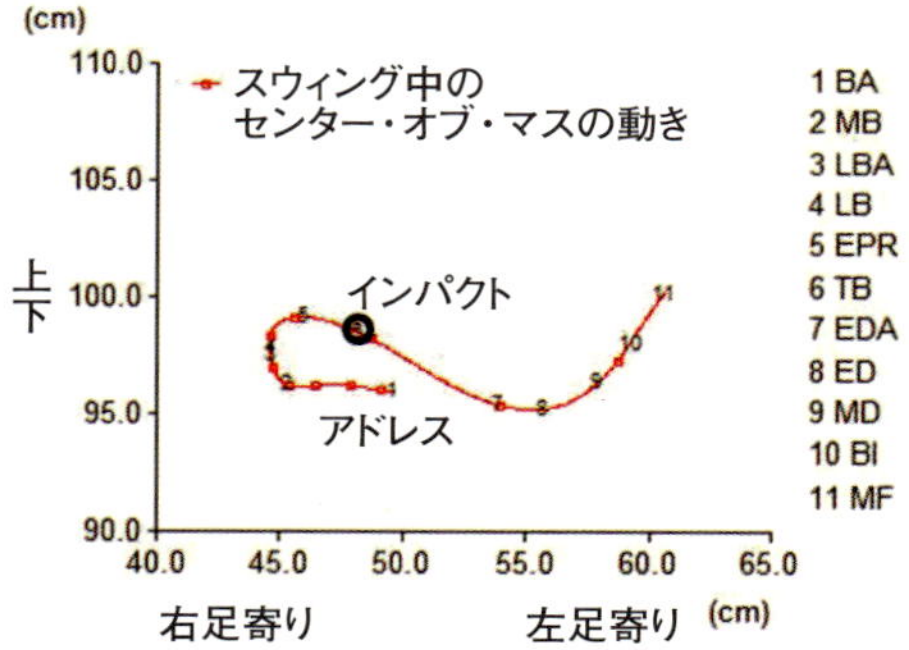


アメリカのＰＧＡツアー級の選手のセンター・オブ・マスの動きを正面から見た例。右→上→左下→左上へと動き、インパクトではアドレスよりも高い位置にあることがわかる

「頭を動かすな」は極端な動きを矯正するための誇張された教え

# 「古い言い伝え」は忘れてしまおう

ここまで、地面反力を使ったスウィングについて、その仕組みと概念を説明してきました。そのなかには従来のスウィング理論ではタブーとされてきた動きも多く、戸惑う方もいるでしょう。

しかし、スウィング中の上下動などをとっても、実際にトッププレーヤーの動きを見ると、決して昔からすべての選手が上下動のないスウィングをしていたわけではありませんし、偉大なグランドスラマーであるゲーリー・プレーヤー（76ページ）のように、上下動を積極的に使う選手も昔から存在します。

また従来のスウィング理論には、重くて硬いパーシモンドライバーで曲げずに飛ばすことを目的として説明されそれが定着してしまったものや、アマチュアの極端な動きを矯正するために誇張された表現などがたくさんあります。「ボールを見ろ」「頭を動かすな」というような指導は、その典型でしょう。

次章では、プロゴルファーであるヒロ（吉田洋一郎）が、私の理論に則って、実際にボールを打つためのコツを説明してくれます。そこでは、ゴルフレッスンの古い「言い伝え」は忘れて、フレッシュな感覚で読み進めてください。そうすれば「地面反力」を使ったバイオメカスウィングは、すぐにあなたのものになるはずです。

1950年代から1979年代にかけてメジャー9勝、ジーン・サラゼン、ベン・ホーガンに続き「キャリアグランドスラム」を達成したゲーリー・プレーヤー(1935〜)。168センチの体格で偉大な戦績を残した秘密は、鍛え上げられた肉体に加え、「地面反力」を有効活用したからだったのかもしれない

第2章

# 「反力打法」の実践

## バイオメカスウィングをどうやって身につけるか

「普通のおじさん」でも300ヤード！

# 科学の力を味方につけよう

第1章では、クォン教授に「地面反力」を使ったバイオメカスウィングとはどんなものなのか、また、スウィングにおいて「地面反力」がどのように作用し、人間の体がどのように動くのかを、科学的な視点から説明してもらいました。

多少難解だったとは思いますが、よく読んでいただければ、その仕組みがどういうものか、どんなメリットがあるかはある程度理解していただけたのではないでしょうか。

続く第2章では私、吉田洋一郎が、クォン教授の言うような「地面反力」を使ったバイオメカスウィングをするためには具体的にどうすればいいのかという習得方法を中心に、実際のスウィングに落とし込む方法論を、ティーチングプロという立場から説明していこうと思います。つまり「実践編」というわけです。

ですがその前にみなさんにお伝えしておきたいことは、いままでご自分のなかで構築してきたスウィング理論とまったく異なる動きやイメージに対して、アレルギー反応を起こさないでほしいという点です。第1章を読んでいても、たとえば「スウィングには上下動が必要である」など、従来のスウィングメソッドではタブーとされてきたような言葉が出てきましたし、これからも出てくると思います。しかし、それをアタマから「おかしい」とか「〇〇プロが言っていたことと合わない」などと否定してかからないでください。

そういった指導内容が間違っていると否定するつもりはありませんが、古いティーチングメソッドの多くは、プレーヤーの感覚に基づく主観的なものであったり、またはアマチュアの悪い動きを矯正するために極端な表現を用いているケースが非常に多いのです。また内容によっては、重くて硬いパーシモン時代のクラブを使ったスウィングのために重要視されてきたものもあります。そのため、そういった主観的な言葉のイメージどおりにスウィングしたときに、誰もが理想的な動きをできるとは限りません。

しかしクォン教授のメソッドにはすべてエビデンス（証拠・根拠）があり、物理的に自明なことに基づいています。そしてそれらは、実際のトッププレーヤーの動きを最新の機器で客観的に計測して分析した結果の事実なのです。

たとえば、古いレッスンでは「インパクトでは左ひざを曲げたまま、左のカベでパワーを受け止めろ」とよく言われました。しかし、「地面反力」を回転力に転換するためには、左ひざは曲げておく必要はなく、パワーは受け止めないほうが効率がいいのは明らかなのです。そして、米国ＰＧＡのトッププレーヤーの動きを解析した結果、そのように体を使っている選手のほうが飛ばしている。ダスティン・ジョンソンやジャスティン・トーマスらのスウィングが、それを証明しています。

古いイメージでスウィングを作ってきた人にとっては、クォン教授のメソッドは、最初は「やりにくい」「動きにくい」と感じるかもしれません。しかし、いままでと違うことをやろうと思えば、最初は違和感があって当然です。しかし違和感に負けて自分にブレーキをかけてしまっては、成長も改革もあり得ません。

米国ＰＧＡの選手のスウィングを見て「自分にはあんなふうに振れるはずがない」と思わないでください。もちろん彼らのようなヘッドスピードや動きの精度を身につけるには多くの練習やトレーニングが必要かもしれません。しかし、動きの本質については、「米国ＰＧＡプレーヤーのように振る」ことは決して夢物語ではないのです。

事実、クォン教授自身はゴルフに関しては完全なアマチュアプレーヤーで、身長は１７０センチ前後、50代半ばの中年のおじさんですが、ドライバーの飛距離は優に３００ヤードを超えます。これは、彼の理論の正しさのなによりの証明ではないでしょうか。そして、みなさんにもその可能性が十分にあるのです。

吉田洋一郎プロに、ダウンスウィングの地面反力のベクトルを説明するヤン・フー・クォン教授。クォン教授はスポーツ・バイオメカニクスの世界的な権威。「指導者に教える指導者」として世界中のティーチングプロたちに、「地面反力」を生かすためのバイオメカスウィングを教えている

腕やクラブが振られる状態を体感してみよう❶

# 「外力」で動くスウィングとは

「地面反力」を使ったスウィングを身につけるうえでまず最初に体感してほしいのが、内力と外力についてのイメージです。外力である「地面反力」をスウィングに生かすには、外力によって腕やクラブが振られる感覚が不可欠。それがどんな状態なのかを、体で理解してほしいのです。

具体的には、足踏みをしながら「手が振られる」のを体感してください。まず腕が振られやすいように少し前傾し、腕を完全に脱力して肩からダランと下がった状態で構えてください。そして左右の足で歩くように足踏みをします。最初は片足ずつかかとを浮かすような小さな動きで構いません。腕を完全に脱力したまま右、左、右、左と足踏みをすると、腕が勝手に左右に揺れてくるはずです。腕の力＝内力は一切使っていないのに、腕が左右に動く。簡単に言ってしまえば、これが外力によって腕が「振られている」状態なのです。

足踏みによって腕が「振られる」感覚がわかったら、腕は完全に脱力したまま下半身の

## 手をダランと下げて、足踏みしてみよう

完全に脱力して腕をダランと下げ、右、左、右と足踏みする。かかとを浮かすような小さな動きでも、腕が自然と左右に揺れてくることがわかるはずだ

動きを大きくしていってください。腕の動きも自然と大きくなってきます。そして、体の動きをゴルフスウィングのイメージに近づけて上体の回転などを加えていけば、腕は脱力したままでもかなり大きくスウィングすることができるはずです。

クォン教授のメソッドの最終的な目的地は、この動きに近い感覚です。下半身の動きによって腕が振られることが重要だということを忘れないでください。

腕やクラブが振られる状態を体感してみよう❷

# 「地面反力」を体感するドリル

ではこの動きをもう少し拡大していきましょう。

次に、その場での足踏みではなく一歩ずつ前に進みながら同じ動作をやってみてください。つまり、前に向かって歩きながら腕が振られる動きです。

前に進みながら腕を振ると、足を踏み込む動作によって、腕が振られる力が大きくなるのがわかるのではないでしょうか。そしてこの動きのなかで、前に踏み込んだ足で地面を押すようにグッと圧をかけ、その圧の跳ね返りを感じながらひざを伸ばして地面を蹴り、その力を利用して前に進んでみてください。ポイントは、前傾姿勢を崩さないこと。グッと圧をかけパッと抜く。グッ、パッ、グッ、パッという動きの連続で前に歩いて行くのです。すると、圧を抜く瞬間に、これまで以上に腕が勢いよく振られるのがわかるはずです。もうお気づきの方もいると思いますが、これがまさに「地面反力」なのです。

この動作をスムーズに行うためには、動きの順番が大事です。腕が揺れるタイミングと踏み込んで圧をかけるタイミング、その圧を抜くタイミング。これらがうまく連動してタ

## 前に歩きながら腕を振ってみる

歩きながら腕を振ってみると、足を踏み込む動作によって、腕が「振られる」力が大きくなることが体感できる

イミングよく連鎖すると、腕が振られるスピードが最大になります。地面反力を使うための「運動連鎖」とはこのことで、まだ腕が右方向に振られている間に左足を踏み込み、加圧・抜重（圧を抜く）の動きによって切り返すという動きの順番が最大のキモなのです。

以後、説明していく動きがうまくできないときには、一度この動きに立ち返ってみてください。下が動いて、その動きで腕が振られるという「順番」は、すべての動きに共通します。スウィングがおかしいときというのは、この動きの順番が狂っているケースがほとんど。そんなときは「足踏み素振り」でリセットしてみてください。

×

腕が主役になってしまえば、体が動く順番が狂い、スムーズなスウィングをすることができない

# 腕は振らない
# 左右の足を踏み込むだけ

クラブを持たずにアドレスの形で構えたら、バッスウィングのように右足をかかと側に踏み込む。次にダウンスウィングのように、左足を真ん中からかかと側に踏み込む。両足を踏み込みことで「腕が振られる」感覚。これがバイオメカスウィングの基本となる

筋肉のパワーに頼ったらこんなことは絶対できない

## ジャンプしながら1回転!

ここまでの体の動きのデモンストレーションで、腕が「振られる」感じはわかっても、これがヘッドスピードを上げる動きにつながるのかという疑問もあるかと思います。たしかに、これだけでは、内力で腕を思い切り振ったほうがスピードが出そうと感じるかもしれません。

その意味では、実際にスウィングする際のスピード感は、ここまでの動きとは別次元です。どのくらいの加速感があるのかというと、右足を踏んで腕がバックスウィング方向に振られたところから、左に踏み込んで伸び上がる際に、ジャンプしながら体が空中で360度回転するくらいの瞬発力です。

体が一瞬でクルッと回るほどのスピードが出れば、脱力した腕はその回転によって強烈に振り回されます。そしてそこにかかる慣性の力は、その腕の先にあるクラブのスピードを極限まで上げてくれます。腕を主体とした内力では、これほどのスピードを出すことは到底できません。

右足を踏み込んだバックスウィングの形から、左に踏み込んで、そのままジャンプ！　筋肉の力だけでは決してできない、クォン教授の360度回転ジャンプ

## 不安に負けたら上達は止まってしまう

# 外力主体で打てば、必ず当たる

ここまでの説明で、足の動きによって腕がスピーディに振られる感覚はわかっても、クラブを持ったときに同じことができるのか、また同じことができたとしてもそれでボールにちゃんと当たるのか、という不安は残ると思います。

本章での私の役割は、これがちゃんと「当たる」ところまでみなさんを導くことにあるのですが、その前提として「当たらなさそう」という不安に負けて「当てに行く」ことだけはしないでください。

これはグリップなどと同じで、慣れと成功体験がいちばんの先生です。ゴルフを始めたときに、「こんな握りにくいグリップでちゃんと当たるのだろうか」と不安に思った人も多いでしょうが、練習を重ねて慣れてきて、そのグリップでもちゃんと当たるという成功体験が積み重ねられれば、不安は取り除かれて、いつしかその握りが「当たり前」になっていきます。逆に言えば、初心者時代に不安に負けて自分が握りやすいようにグリップを崩してしまった人は、それがその後の技術的なボトルネックになって上達の妨げになってしまうでしょうし、上達を目指すためにはどこかでグリップを見直したり、誰かに直されたりするハメになります。

これはスウィングも同じです。動きが身につくまでの最初の段階で「当たらなさそう」という不安に負けて悪い動きで当てに行ってしまうと、正しい動きは身につきませんし、それが技術的なカベとなって、いずれあなたの前に立ちはだかります。

まずは第一ステップとして、クラブを持って、ボールを打たずに素振りをしてください。最初の足踏みだけの動きから、次は前に進みながら。これがクラブを持たないときと同じ感覚でできるようになったら、強く踏み込んでクラブを加速させる感覚、そして最終的にはジャンプして一回転しながらクラブを振ってみてください。

次に、SWなどの短くて振りやすいクラブを持ってまた最初に戻り、今度はその動きのなかでボールを打ってみてください。飛距離は必要ないですし、ちゃんと狙ったところに飛ばそうとしなくても構いません。真っすぐは飛ばないでしょうが、「意外と当たる」のではないかと思います。最初は「こんなに適当に振っても、当たるんだ」という成功体験を重ねてください。

このときのポイントは、グリップを少しだけ「しっかり」持って、遠心力に負けないようにクラブを保持することです。腕を振ったり何か操作しようとするのではなく、ただ遠心力と引っ張り合うテンションをキープしさえすれば、ダフりません。

もし当たらなくても、それを手先で調節して当てようとしないでください。当たらない

のは、必ず「動きの順番」の問題です。腕の脱力はキープしたまま、下半身を踏み込むタイミングや「抜重」の感覚などを微調整して「当たる」ところを見つけてください。

当たるようになってきたら、7番アイアンなどを持って、50ヤード程度を打つスウィングで、この動きをしっかりと身につけましょう。まずはこれが「地面反力」を使ったスウィングを身につける第一歩です。

# クラブを持っても、腕は振られるだけ

SWなどの短いクラブを持って、左右に足を踏み込み連続素振りをしてみよう。この素振りでもクラブや腕は振るのではなく、足の踏み込みで「振られる」感覚を持とう

練習の成否は、球の行方ではなく体のセンサーで感じとる

# 足の裏に意識を集中してみよう

ここまでやってきた練習がきちんとできているかの成否のチェックは、飛んで行く球を見てはいけません。当たったか当たらなかったか、真っすぐ行ったか曲がったかなどという結果に引っ張られると、どうしても「当てに行く」動作が入ってしまいますし、飛ばそうという邪念も生じます。

では何を基準にすればいいかといえば、体の内面です。体がどんな順番で動いたか、それは自分の意図どおりだったのか、うまくできなかったのか。どこに力が入っていて、どこは抜けていたか。そういった部分に最大限のセンサーを働かせて、ＧＯＯＤだったのかＢＡＤだったのかを判断してください。体がうまく動けたのならば、自然といい球が出るはずですし、仮にそれで球が曲がっても、いま問題にしている「動きの順番」さえ正しく行われていれば、現段階では気にする必要はありません。

具体的なイメージがわかないという人は、まずは「足の裏」に意識を集中することから始めてください。右を踏んで、左を踏むという順番がきちんとできているか。いま足の

裏のどこに体重がかかっていて、「センター・オブ・プレッシャー」（加圧の中心）がどこにあるか。足の裏の感覚が出てきたら、今度は自分の重心「センター・オブ・マス」がどこにあるかを意識しながらスウィングするのもいいでしょう。

どちらの足のどこにプレッシャーがかかっているのか。足の裏に意識を集中してみると、体の動きの順番がきちんとできているかを確認することができる

## スウィングは独楽《こま》のような単純な回転運動ではない

# 「3つの軸」をイメージしよう

実際のスウィングの動きを説明する前に、まずゴルフウィングの「3つの軸」の動きを体で理解するところからスタートしたいと思います

まず1つめの軸「垂直軸」についてですが、これはその名の通り地面から垂直な軸を中心とした回転です。頭のてっぺんから体の重心（センター・オブ・マス）を通って地面に真っすぐ串が刺さっているようなイメージで、その場で回るいわゆる「ヨコ回転」です。両腕が地面と平行になるように肩の高さまで上げたときに、その腕の面が変わらず地面と平行に回転するのが「垂直軸回転」になります。これは、野球のスウィングに近いシンプルな動作なので、「クラブを振る」動きとして連想しやすいですすし、従来のゴルフレッスンでも「軸」というとこのような地面に串が刺さっているような表現がされるケースが多かったと思うので、イメージしやすいと思います。

次にセンター・オブ・マスを中心としたタテ回転である「前後軸」ですが、これをゴルフスウィングのなかで強調するのであれば、両腕を肩の高さに上げた状態から上半身を90

度前傾させ、背骨に沿って上体を回転させるイメージが近いでしょう。正面から見ると、腕や肩の軌跡が円を描く形になります。短いパターを持ってパッティングするような動きを想像してもらうと、これがゴルフスウィングのなかに必ず含まれる動作だということがわかると思います。この「前後軸」を中心とした回転運動は、「地面反力」を回転力に転換するうえで非常に重要なイメージですが、アマチュアゴルファーの多くがあまり持っていない感覚だと思いますので、とくに強く意識してください。

3つめの「飛球線方向軸」は、スウィングを飛球線後方から見たときに、センター・オブ・マスを中心に回転する動き。この動きは、足が地面についている状態ではほかの2つの軸ほどきれいに「回転」できないのでイメージはわきにくいかもしれませんが、簡単に言ってしまえば上体を前後に倒して起こす動きと言っていいでしょう。これはスウィング中に大きく起こる動きではありませんが、ダウンスウィングでクラブの遠心力と引っ張り合う形で、(飛球線後方から見て) 反時計回りに使われる動きだということを覚えておいてください。

ゴルファーはこの3つの軸に関して、意識的に体を回転しようとはしませんが、ゴルファーの動きはすべて、これら3つの軸の視点で分析することができます。

ポイントは、この3つの軸はすべて自分の体の重心点、センター・オブ・マスを通るということです。

## 垂直軸

従来のレッスンで「軸」といえばこの「垂直軸」のことを指している。体がヨコに回転するための中心となるのがこの軸だ

## 前後軸

腕やクラブが振り子のように回転するときの中心となるのが、この「前後軸」。上半身を90度前傾させて、タテに回転するイメージが「前後軸」を中心とした回転運動に近い

## 飛球線方向軸

クラブの遠心力と引っ張り合うように、上体が半時計回転する動きの中心となるのが「飛球線方向軸」

## 足の裏を意識してバランスよく立とう

# 「地面反力」が使えるアドレス

ゴルフはアドレスが非常に重要。バイオメカスウィングをするうえでもそれは同じです。体を合理的に動かし、「地面反力」を使うことができる構えを作りましょう。

とはいえ、特別な構えが必要なわけではありません。ゴルフの基本に忠実なアドレスができていれば問題ないのですが、アマチュアゴルファーは「地面反力」を使いにくい構えをしていることが多いので、その意味では多少の注意が必要といえます。

いちばん注意してほしい点は、足の裏の感覚でしょうか。先ほども「体の内面にセンサーを働かせるために足裏を意識する」という話をしましたが、まずこの感覚をアドレスの段階でしっかり持つためにも、スウィング中にしっかりと下半身を使うためにも、足の裏の意識は重要です。アマチュアゴルファーの多くは、飛ばしたいとか当てたいという意識が強いためクラブを強く握りがちですが、こうなると意識は手や肩などの上のほうに偏り、下半身への意識が希薄になってしまいます。

まずは足の裏を意識して、前後左右どこにも偏らない、バランスのいい状態で立ってく

「地面反力」をスウィングに生かすためには、股関節が使えるように構える必要がある。ひざを曲げただけの構えや、背中だけ丸めた構えでは、股関節はうまく使えない

ださい。両足の拇指球と小指の付け根、そしてかかとの3点に均等に体重がかかっている状態が理想ですが、アマチュアの多くはかかとに偏りがちなので、そういう人にとっては普段よりも前に加重している感じになるかもしれません。

また、足の指で地面をつかむように踏ん張るのはおすすめしません。「地面反力」を使うためには、足の裏を前後方向にシーソーのように使う必要がありますが、足の指を踏ん張ってしまうとそういった動きがスムーズにできないのです。普段から踏ん張って立っている人にとってはグラグラして不安定に感じるかもしれませんが、その不安定さは動きやすさでもあります。動きやすい状態

## 股関節から前傾し
## 骨盤を前に倒してアドレス

のなかで、バランスよく収まっているアドレスを目指しましょう。

アドレスの形としては、股関節が使えるように、股関節から前傾し骨盤を前に倒して構えること。少しお尻が上を向くようなイメージを持ってください。

ひざを曲げすぎるのもNGです。アマチュアのアドレスを見ていると、ひざが前に出てお尻が下がっているケースが非常に多いので、まず直立した状態からひざを曲げずに股関節から前傾し、最後に少しひざをゆるめるくらいでよいでしょう。飛球線後方から見たときに、ひざから下が地面と垂直になっているくらいの状態をイメージしてください。

右足をかかと側にしっかりと踏み込む

# バックスウィングでも「地面反力」

次にバックスウィングの動作です。ダウンスウィング以降で「地面反力」を使うためには、バックスウィングでしっかりと右足を踏み込むことが非常に重要です。カウンター動作をスムーズに使うことができますし、手先でクラブを上げるのを防ぐ効果もあります。バックスウィングの始動で右足を踏み込む直前には少しつま先寄りに重心がかかっていますが、右足を踏み込んでバックスウィングを開始したときには、重心はかかと寄りに移動していきます。つまりバックスウィングでは右足をかかと側に踏み込むということです。

かかと側に右足を踏み込むと体が伸び上がるように感じるかもしれません。「伸び上がる」という動作は、ゴルフスウィングのなかでは長くタブーとされてきたため、違和感を持つ方もいるでしょう。ボールから遠ざかる感じに「当たらなさそう」という不安を覚えるかもしれません。しかし、伸び上がったことでボールから遠ざかったぶんは、切り返しからダウンスウィングで沈み込むことで取り戻しますので、恐れる必要はありません。勇気を持って伸び上がってください。

## 右足はかかと側に踏み込み左足はつま先側に圧力をかける

バックスウィングは、右足をかかと側に踏み込むことで始動する。このとき左足は、つま先側に圧力がかかる。この左足の動きが大きくなったのが「ヒールアップ」

上方向に力が働くのが正しいバックスウィング。ボールが背面に飛んでしまう（×印の写真）のは、「前後軸」の働きが弱く、「垂直軸」の動きが優位になりすぎている証拠だ

上方向に力を使うバックスウィングは、メディシンボールのような重いものを、天井方向に投げ上げる動作に似ています。ボールを右足の真上くらいに、真っすぐ上に投げ上げる感じです。

ボールが背中側に飛んでしまう人は、「垂直軸」の動きが優位になりすぎている証拠。もっと「前後軸」を意識してバックスウィングする必要があります。また、飛球線後方にボールが行ってしまう人は、体を右に揺さぶるような動きでスウェイしている可能性が高いですし、反対にターゲット方向にボールが飛んでしまう人は右足で地面を押せずに逆体重気味になっていると考えてください。

# バックスウィングはボールを真上に投げる動き

ボールを上に投げ上げる動作で行うバックスウィングは、みなさんの想像以上に早い段階で「仕事」が終わると思います。「地面反力」を使って始動することで、プレーヤーがすることは手元が地面と平行な位置くらいで終わり、そこからトップまでは惰性で動きます。それによって、早い段階での左への踏み込みが可能になり、スムーズな運動連鎖でスウィングすることができるのです。この動きを「〝仕事〟が終わるのが早すぎる」と感じている人は、バックスウィングの動作を引っ張りすぎて、ダウンスウィングのスムーズさを欠いているのだということを自覚してください。

## 上半身を1拍遅らせてパワーを生み出す

# 切り返しは左への踏み込みから

「地面反力」を使ってスウィングするうえでは、トップ・オブ・スウィング、いわゆるトップは現象でしかありません。トップの形を作ったり、トップでこうすべきというようなことはあまり考えないほうがいいでしょう。

それよりも大事なのが、ダウンスウィングの開始動作、つまり切り返しです。切り返し動作をスムーズに、効率よくできるかどうかがスウィングの最大の鍵と言っても過言ではありません。

いちばんのポイントは「運動連鎖」、動きの順番です。前章でクォン教授が繰り返し説明していたように、正しい順番で動けなければ「地面反力」のベクトルが正しい方向を向かず、体の回転を加速させることはできません。

反対に、正しい順番で動くことさえできれば、クラブスピードを上げるのに筋力はそれほど必要ないのです。

切り返しは、左足を踏み込む動作からスタートします。そのタイミングは、バックスウィングで自分の「仕事」が終わった直後。感覚的には、左腕が地面と平行な位置より上に上がった直後です。

みなさんの感覚からすれば、かなり早いタイミングではないかと思いますが、このタイミングで下半身から動き出すことで、上下の動きに時間差を作り出すとともに、「地面反力」のモーメントアームを長くすることができるのです。

84ページで紹介した「歩きながらスウィングする」動きを思い出してください。このときも腕が右側に振られてトップに届く前に左足を踏み出さなければ腕はスムーズに振れなかったと思います。実際のスウィングでもこのタイミングが非常に重要なのです。

この動きには上下のセパレーション（分離）が不可欠で、そのためには上半身に余計な力が入っているのはよくありません。感覚的には下半身に9割くらいの意識を置き、完全な下半身主導で動くことを大事にしてください。

タイミングが取りにくい人は、リズムの意識を少し変えてみましょう。ポイントは、下半身よりも上半身を1テンポ遅らせること。下半身が「イチ、ニ」の2拍子で動くのに対して、上半身は間に1拍入れて「イチ、ニィ、サン」の3拍子で動くくらいのイメージでスウィングしてみてください。

## 切り返しは下半身が1拍、先を行くイメージ

### 上半身は3拍子

### 下半身は2拍子

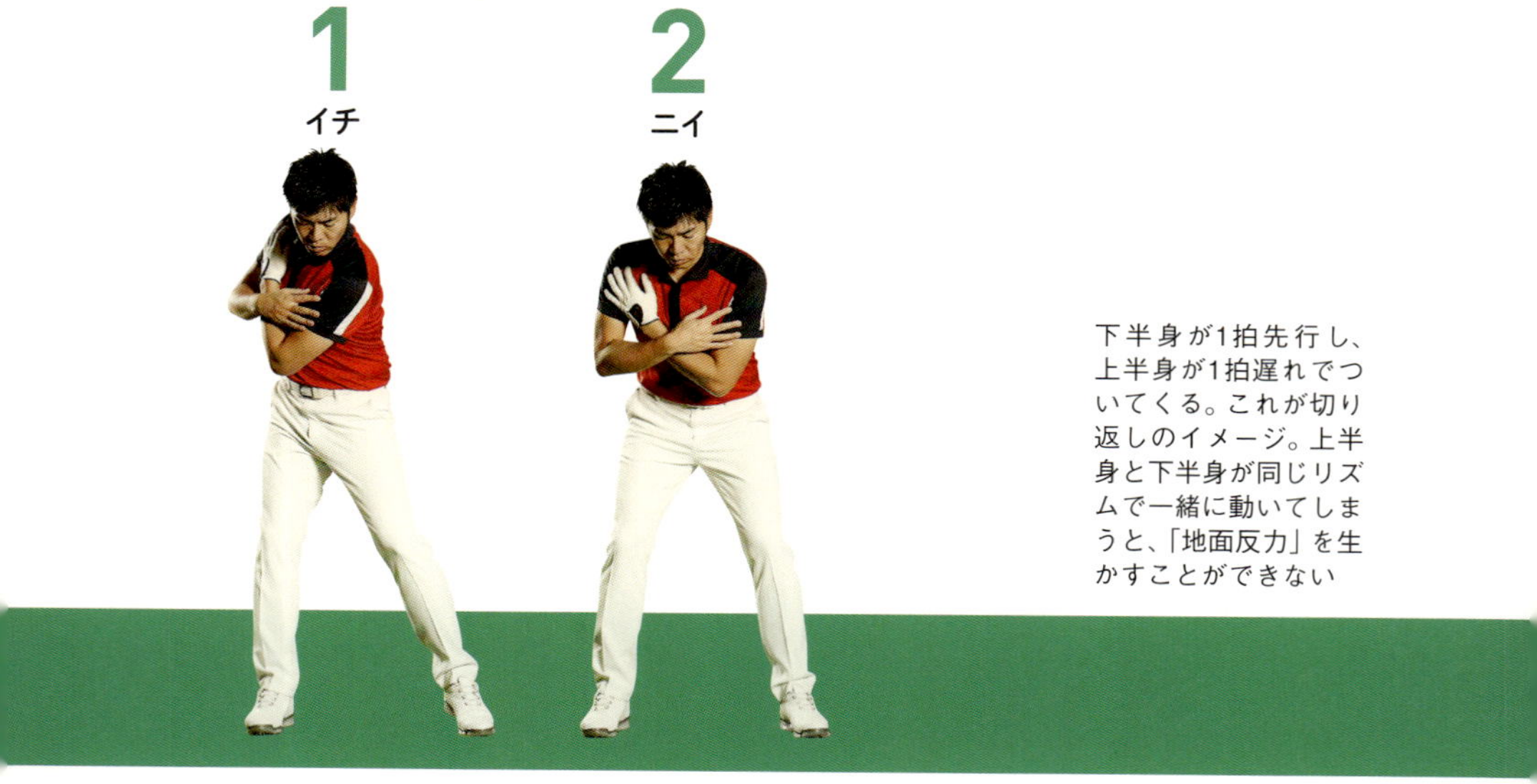


下半身が1拍先行し、上半身が1拍遅れでついてくる。これが切り返しのイメージ。上半身と下半身が同じリズムで一緒に動いてしまうと、「地面反力」を生かすことができない

3つの「地面反力」を生む
ダウン初期の重要な動作

# 左足を左斜め下に踏み込む

「ダウンスウィングで足を踏み込んだら、伸び上がるインパクトになり、当たりが薄くなってしまうのではないか」。そんな心配をする人もいるかもしれません。たしかに、両足を均等の圧力で踏み込めば、その「地面反力」は真上にしか働かないため、体が起き上がって「伸び上がるインパクト」になりやすいのです。

ダウンスウィングの初期の段階ではリードする足、右打ちのゴルファーなら左足で踏み込む意識を持ってください。右足の圧よりも左足を踏み込む圧が強ければ、左右の足の「地面反力」を合わせた力（合力）が左足寄りに傾き、「前後軸」を中心としたタテの回転を加速する「飛ばすために欠かせない力」となるのです。

このとき左足を、真下ではなく、斜め左下方向に踏み込むのも大切なポイントです。斜め左下方向に踏み込むことで、地面には「下方向」「正面方向」「飛球線方向」という3つの圧力がかかります。

「下方向」への圧力は上方向の「地面反力」を生み出し、「前後軸」周りの回転（体の正

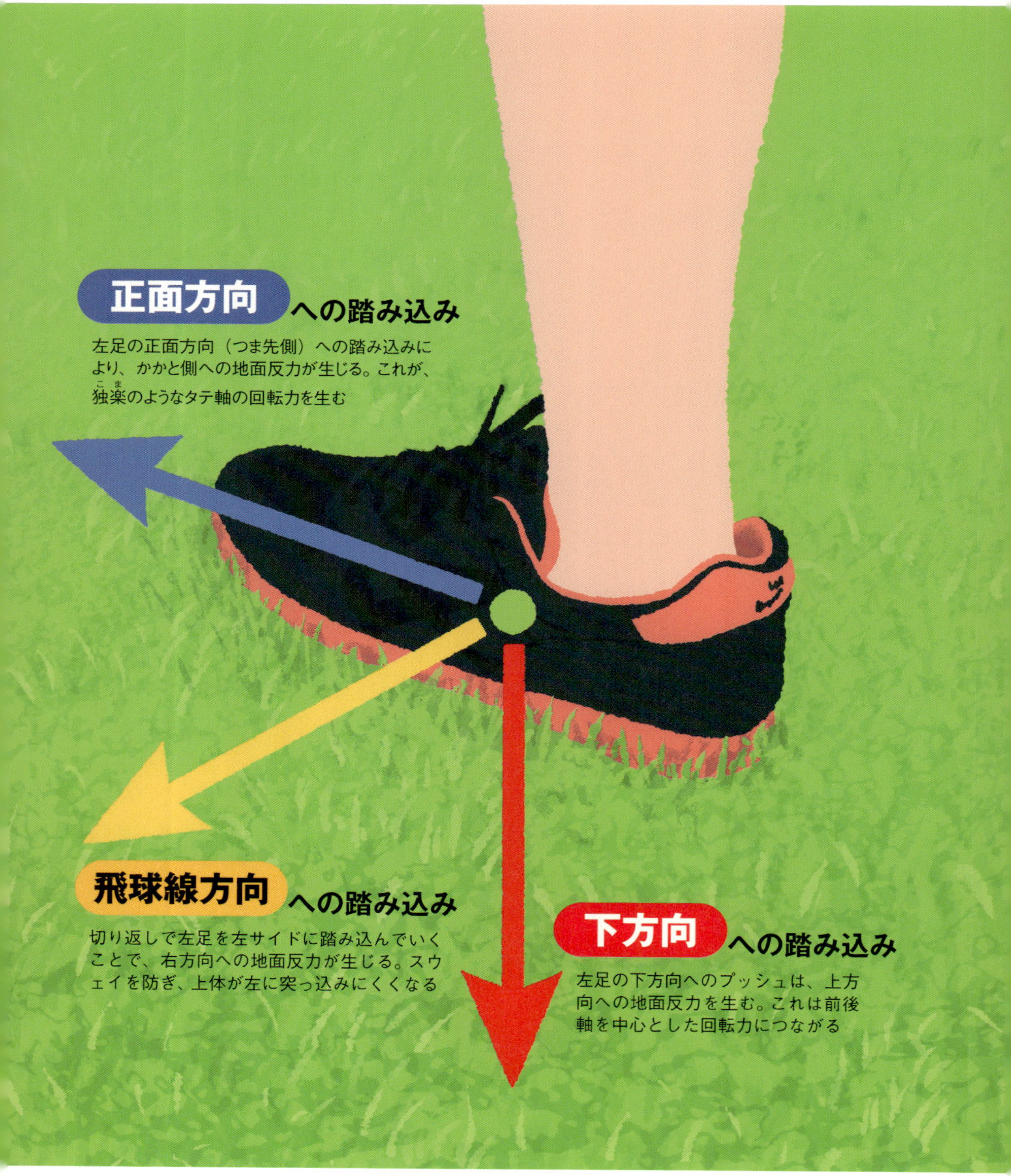
正面方向への踏み込み
左足の正面方向（つま先側）への踏み込みにより、かかと側への地面反力が生じる。これが、独楽《こま》のようなタテ軸の回転力を生む
飛球線方向への踏み込み
切り返しで左足を左サイドに踏み込んでいくことで、右方向への地面反力が生じる。スウェイを防ぎ、上体が左に突っ込みにくくなる
下方向への踏み込み
左足の下方向へのプッシュは、上方向への地面反力を生む。これは前後軸を中心とした回転力につながる

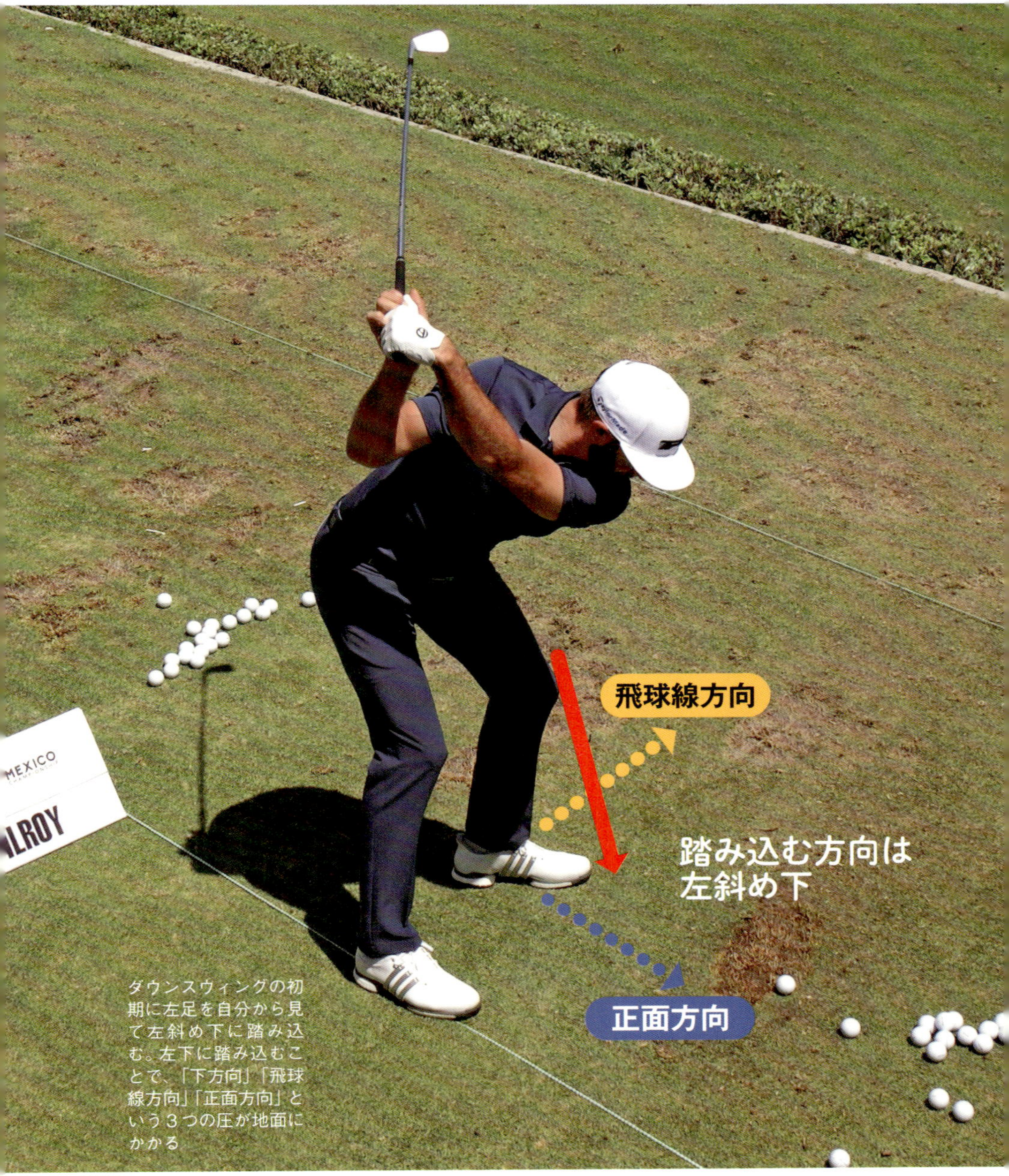


ダウンスウィングの初期に左足を自分から見て左斜め下に踏み込む。左下に踏み込むことで、「下方向」「飛球線方向」「正面方向」という3つの圧が地面にかかる

## 左足の3方向への圧力で
## 3つの反力が生まれる

自分から見て左斜め下に左足を踏み込むことで、３方向へ圧力がかかり、それぞれに対する3つの反力が生まれる

面から見てタテ方向の回転）を加速する。「正面方向」（左足のつま先方向）への圧力はかかと方向への「地面反力」を生み出し、「垂直軸」を中心とした体が独楽《こま》のように回る回転を加速する。そして「飛球線方向」への圧力は飛球線後方への「地面反力」を生み、「左のカベ」をつくる働きをします。

ダウンでの左足の踏み込み（プッシュ）は「反力打法」において、とても大切な要素ですので、繰り返し確認するようにしてください。

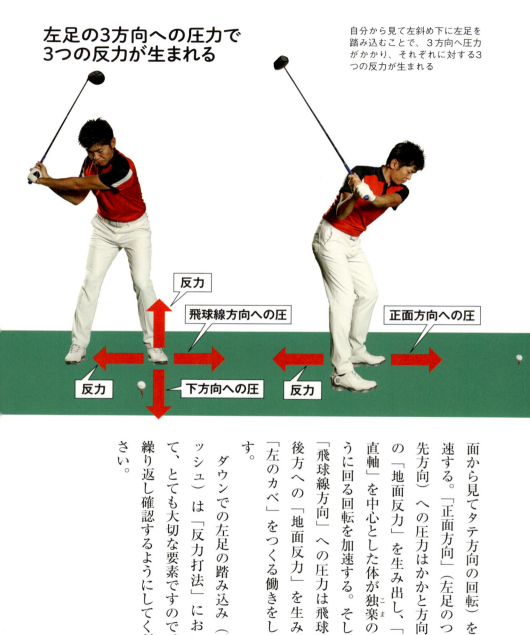

「地面反力」を効率よく回転に換える動き

# ダウンでは左ひざを伸ばそう

切り返し以後のダウンスウィングでは、左足を踏み込んだことで生まれた「地面反力」をどれだけ効率よく回転運動に転換するかが鍵になります。

左足を踏み込んだ後の動作としては、踏ん張ったり受け止めたりせず、左ひざを伸ばしながら「抜重」によって左股関節を切り上げることで体を回転させます。「地面反力」が左股関節上を突き抜けていき、それによって体が回転するイメージを持ってください（次ページの写真1と図1）。左ひざが伸びることによって、左股関節は左斜め上に切れ上がり、左のお尻は後ろに下がります。

このとき、右足はつま先側、左足はかかと側に加重し、右足は斜め後ろ方向に蹴るようにして地面を押します。左への踏み込みによってセンター・オブ・プレッシャーが左にシフトしているため、右足の蹴りによって生じる「地面反力」は、長いモーメントアームで垂直軸の回転を促します（115ページの図2）。こういった左ひざを伸ばす動きや右足を斜め後ろに蹴る動きが強く瞬間的な人は、インパクト前後でジャンプするように見える

写真1

## 左股関節の上を突き抜ける地面反力が体を速く回転させる

ダウンスウィングでは両足に反力が生まれるが、より強いのは左足の反力。ゆえに、両足の反力が合わさって生まれる力のベクトルは左股関節を貫くように傾く。傾いて体の中心からずれた「地面反力」が、体の「前後軸」周りの回転を加速する

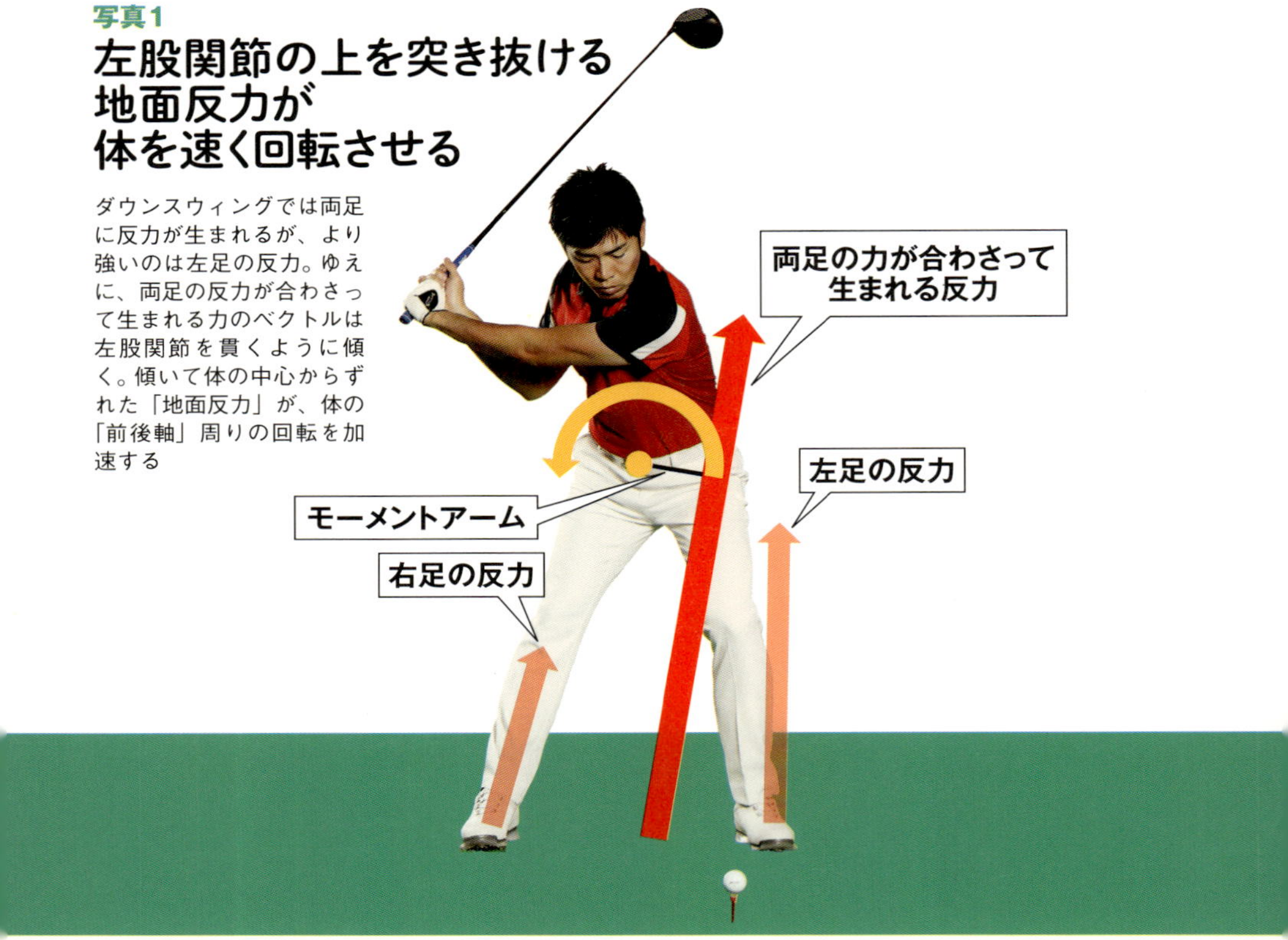


のです。

こういった体の回転によって、腕とクラブに力がかかり自然と加速していきます。そのため、そのまま振り下ろしていくとダフってしまうのですが、「飛球線方向軸」を中心に飛球線後方から見たときに反時計回りに回転する動きによってその力を受け止めます。

このとき、ダウンスウィングでグリップをある程度しっかり握ることで、この引っ張り合う動きに負けずにクラブの軌道を維持することができます。

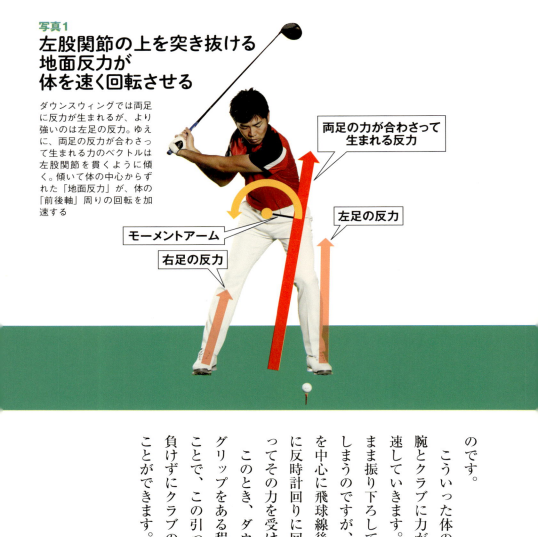

図1

# 回転力はF×dで決まる

左足を踏み込んだ反力を$F_L$、右足の反力を$F_R$とすると、2つの力の合力Fは左右の足の間から上向きに働く。このFの矢印と、体の重心CMとの垂直距離dの長さが「モーメントアーム」となる。体を回転させる力（M＝モーメント）は、F×dで求められるため、回転力を上げるには、反力Fを大きくするか、モーメントアームdを長くすることが必要。反力Fの矢印が体の重心CMを通ると、dの値がゼロになるため、反力Fの値をどれだけ大きくしても（＝強く踏み込んでも）、回転力は生まれない。つまり体幹などの筋力だけで体を回さなければならないということ

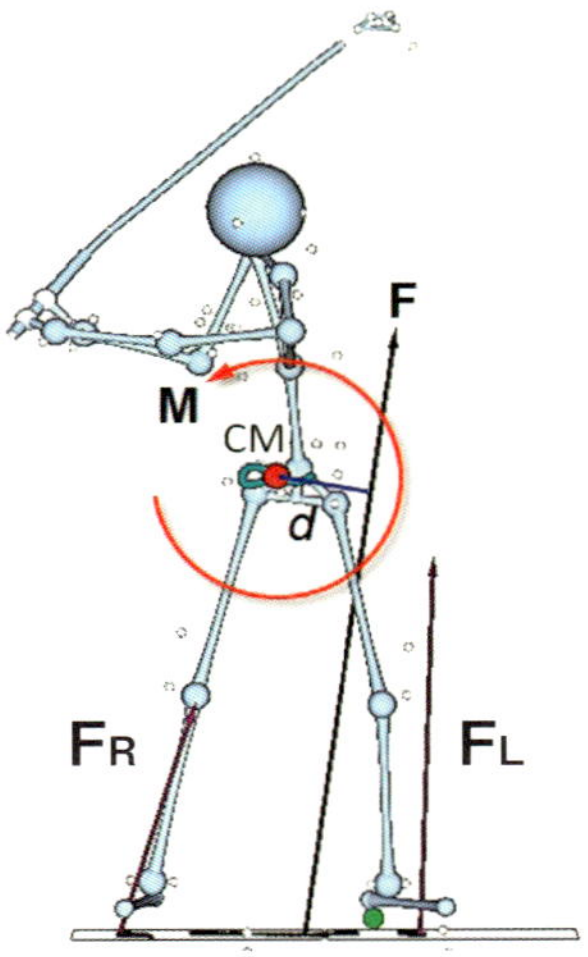


図2

# 回転力アップには右足の蹴りも重要

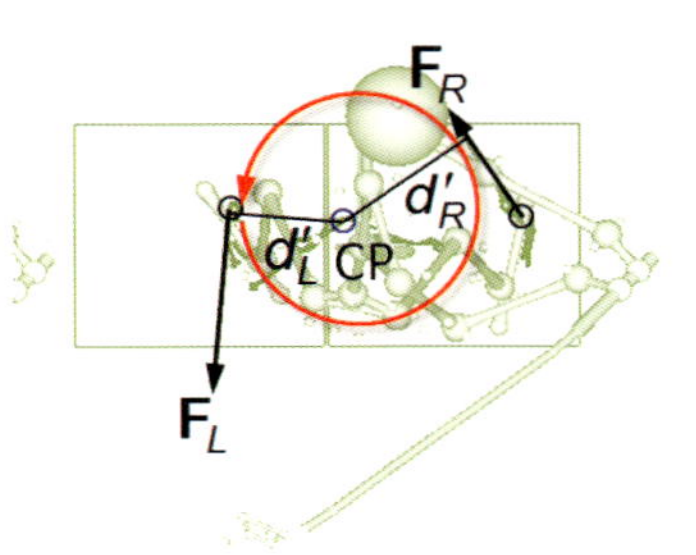


「地面反力」を頭上から見ると、切り返しで右足は前（図$F_R$）、左足は後ろ向き（図$F_L$）にベクトルが伸びている。これが半時計回りの回転力を生む。一見すると、右足の反力$F_R$のほうが左足の反力$F_L$よりも小さいが、モーメントアーム（d）が長くなる関係で、右足のほうが「垂直軸」周りの回転力アップに寄与する割合が大きくなる

バックスウィング
右足のかかと側に踏み込む

ダウンスウィング
左足は真ん中で踏み込んでから、
かかと側に圧をかける

両足は上下の加重だけでなく、前後方向の加重を意識することが重要。前後に足を踏み込むことで、「垂直軸」を中心とした回転運動を加速する「地面反力」が生じるからだ

# ダフらないのは「飛球線方向軸」を中心に体が反時計回りしているから

体が回転すると、クラブヘッドには体の中心から遠ざかろうとする力がかかる。そのままではヘッドはボールの手前の地面を叩いてしまうが、同時に体の中心を通る「飛球線方向軸」を中心とした反時計回りの力（引っ張る力）が働く。遠ざかろうとする力と引っ張る力、2つの力がつりあうため、ダフらずボールをとらえることができるのだ

スウィング中の骨盤の動き

# ひざを伸ばす動きで バックスウィングは20度、 ダウンは10度、骨盤が傾く

骨盤はスウィング中に「水平回転」「左右への傾き」「前後の傾き」という3つの動きをします。なかでも「左右への傾き」は、下半身がうまく使えているかどうかの指標となる動きです。

骨盤の「左右への傾き」はひざの曲げ伸ばしによって決まります。バックスウィングで右ひざを伸ばすと骨盤は左に傾き、ダウンスウィングで左ひざを伸ばすと右に傾きます。骨盤の角度がバックスウィングで20度左、インパクトで10度右に傾いていれば理想的。ひざの曲げ伸ばしがうまくできている、つまり「地面反力」がうまく使えている証拠となります。

骨盤の「水平回転」を速くすればヘッドスピードは上がりますが、それには限度があるし、体への負担も大きい。それよりもひざの曲げ伸ばしで生まれる「地面反力」を利用したほうが、強い回転力を得られるのです。

## 骨盤の傾きは反力を利用している証拠

骨盤の傾きはひざの曲げ伸ばしによって生じる。バックスウィングでは骨盤は20度左に傾き、インパクトでは10度右に傾くのが理想的。ただし右ひざは骨盤の左右への動きを妨げないように、ゆとりを持たせておく

水平に回る意識は“飛ばし”の大敵

# 肩をタテ回転させよう

ダウンスウィングからフォローにかけて重要な動きの1つが、「前後軸」を中心とした肩のタテ回転です。

トップでは胸（胸郭）が右（飛球線後方）を向いており、左肩があごの下に入り込むようなポジションにあります。それに対してフォロースルーでは、胸が左（目標方向）を向き、今度は右肩があごの下に入り込んできます。そのため正面や背中側から見ると、肩が首の付け根付近を中心にタテに回転するように見えます。「前後軸」で回転するためには、このような肩のポジションの入れ替えが必要になってきます。

「前後軸」回転の意識が薄く「垂直軸」回転のイメージが強い人の多くは、ダウンスウィング以降に右肩を下げ切ることができずに肩が水平に近い角度でヨコ回転します。すると地面反力を使った「前後軸」の回転が損なわれ、クラブのスピードが上がり切らなかったり、フォロースルーの軌道が乱れるなどの弊害が生じます。

旧来のゴルフレッスンでは、なぜか「ダウンスウィングで右肩が下がる」という動きを

## フォローで右肩が下がるのは飛ばし屋の証拠だ!

肩は水平ではなくタテに回転する意識を持ちたい

タブー視する向きがあります。そのため、「右肩を下げろ」と言われるとダフりそうだという恐怖感を持つ人がいるのですが、正しい動きを理解すれば、その指摘がおかしいことはわかるはずです。前傾した状態で回転運動をする以上、右肩はトップから下がり続け、フォローではもっとも低い位置にくるのが当然なのです。

「右肩を下げるな」という指導はおそらく「あおり打ち」になりがちな人が、「垂直軸」が右に傾いてダフるのを防いだり、ダウンスウィングでクラブが寝てインサイドから入りすぎてのプッシュアウトや引っかけになるのを防ぐためのものだろうと思われます。

## 肩は入れ替わるように タテに回転する

肩がタテ回転することで、「垂直軸」だけでなく「前後軸」の回転を使うことができる。肩を水平に回す意識が強いと、「前後軸」の回転が損なわれ、「地面反力」を十分に生かすことができない

ＳＷなどの短いクラブをさらに短く持ち、「前後軸」を意識しながら素振りをしてみよう。左右の肩が入れ替わるようにタテ回転する感覚がつかめるはずだ

また、そうなりがちな人にとっては、切り返しの直後などに右肩を高く保つイメージがあると効果的なことから、このような表現がされるようになったのでしょう。確かにそういった動きはNGですが、ダウンスウィング後半からフォロースルーにかけては、右肩は確実に下がります。松山英樹選手のフォロースルーなどを見れば、それは疑いのない事実です。

慣れない人にとっては、この動きは窮屈に感じがちですが、そういう人ほど極端なイメージで、右肩を下げてフォロースルーを振り抜くようにしてください。

1つ注意点を挙げるなら、アドレス時、とくにターゲットを見る際に首を後屈して立てず、前傾した背中のラインに沿うように真っすぐセットすることです。首を持ち上げると、目線が地面と平行になって普段立っているときと視界が似て安心するのですが、このような構えは肩のヨコ回転を助長します。ターゲットを見る際も少しあごを引いたまま首を回すようにすることで斜めの視界を維持するようにしてください。

## ○ あごを引いたまま ターゲットを見よう

前後軸の回転には首の角度も重要。ターゲットを見るときに首の角度が変わりやすいので、注意が必要だ

## × 首が後ろに反ると 肩はヨコ回転しやすくなる

首を起すようにターゲットを見てしまうと、肩がタテ回転するイメージが損なわれてしまう

## ゴルフクラブはただの棒ではありません
# フェースの向きに感覚を研ぎ澄ませる

クォン教授の理論においては、あまりフォローやフィニッシュの形については意識する必要はなく、あくまでボールを打ったあとの惰性と考えています。インパクトも同様に、形を作ったり「打つ」ような感覚は不要で、気持ちよくスウィングしたなかでヘッドがボールに当たる、という結果論でしかありません。

またフェースコントロールについても、意識的にフェースを返すような動作はありませんが、もちろん、スウィング中に自然なフェースローテーションは起こるもの。その意味では、スウィング中にフェースがどんな向きになっているのかを知っておく必要はあります。とくにどうしても球が曲がるという人は、やはりフェースの向きに問題がある場合が多いので、自分のスウィングのなかでフェースの向きがどうなっているかをチェックするべきかもしれません。

しかしフェースの向きは、スピーディな動きのなかでは自分では意識しにくいものなので、動画などでチェックするか、ゆっくりとした動きやストップモーションなかで、通過

点として確認しましょう。あえて言えば、あまりシャットにフェースを使う動きは相性がよくないので、ある程度フェースの開閉を使ってスウィングする意識はあっていいかもしれません。ハーフウェイバックのシャフトが地面と平行になる位置では45～60度程度、トップで45度、ハーフウェイダウンとフォローでは90度くらいが目安でしょう。

フェースコントロールにおいて重要なのは、ゴルフクラブ独特の形状を空間内でイメージしながらスウィングすること。フェースコントロールが苦手な人は、往々にしてゴルフクラブをたんなる「棒」のような感覚で振っている

## フェース向きの目安となる角度

フェースコントロールは、スウィング中のフェース向きを意識することから始まる。フェース向きを把握すると「棒」を振る感覚が、ゴルフクラブとして振る感覚へと変化する。「フェース向きの目安となる角度」は、スクェアグリップの場合のもの。グリップやスウィングのタイプによりフェースの使い方は異なるので、この数字はあくまで目安と考えていただきたい

ケースがあります。棒の先からヘッドが横に飛び出していて、それがスウィング中どっちを向いているかを意識してください。目をつぶって力まずにクラブを持ってみれば、ヘッド部分の重みを感じることができるはずです。その重みがどこにあるかという感覚をスウィング中、持ち続けることがポイントです。

切り返しの感覚を身につけるドリル

# 「タメる」意識はいりません

ダウンスウィング以降の腕やクラブの動きで意識してほしいのは、「リリース」です。右肩が下がるように前後軸で回転していくと、ダフりそうなイメージが抜けない人もいるでしょう。だからといって「リリース」を遅らせ、いわゆる「タメ」を作って打とうとすると、振り遅れて球はとんでもない方向に飛んでしまうでしょう。

ダウンスウィングで「タメる」意識はほとんど必要ありません。むしろ、ダウンスウィングで左腕が地面と平行になるくらいの位置から、積極的に「リリース」してヘッドを走らせてください。「タメる」意識でスウィングしてきた人にとっては、感覚的には、かなり早い段階から「リリース」を始めるくらいでちょうどいいと思います。それでもスウィングの動画や連続写真を見れば、十分「タメ」はできていているはずです。

なぜかと言えば、「タメ」はダウンスウィングで作るものではなく、切り返しのカウンター動作や上下のセパレーションによる動きのタイムラグなどで自然と生じるものだからです。ダウンスウィングに入ってから意識的にタメようとしても、それは「リリース」を

船の係留などに使う直径20mmほどの太いロープを振ると、クラブを「リリース」する感覚がつかみやすい。フィニッシュでロープが右わきの下に巻き付くように振ってみよう

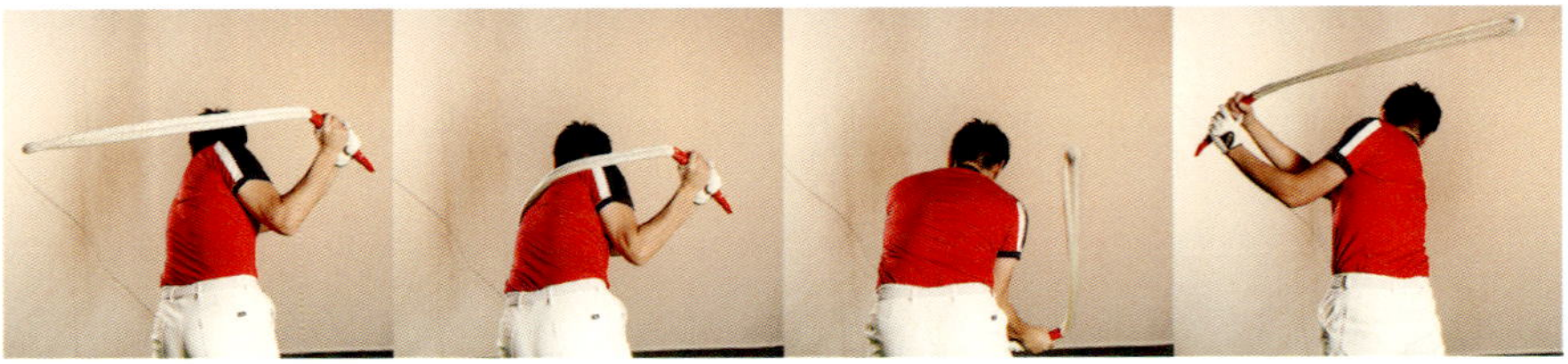

遅らせて振り遅れるだけで、有効な「タメ」として機能しないのです。

そういった切り返しの感覚を理解するには、重めのロープなどを振る素振りが非常に有効です。太めのロープを半分に折って、端側をグリップ状にまとめたものが理想です。このロープは、クォン教授も実際の指導のなかで多用するアイテムです。

このロープが、切り返しとフィニッシュで体に巻き付くように、左右に連続で素振りをします。ポイントは、巻き付いたロープがスムーズに巻き戻って、ダウンスウィング以降ではピンと伸びていくように振ることです。この巻き付

重いロープを振ってみよう

## 切り返しとフィニッシュでロープが体に巻きつけばOK

使っているのは直径20mm、長さ2mの重いロープ。これを2つに折ったものを左右に連続素振りしてみよう。切り返しとフィニッシュでロープが体に巻き付くように振るのがコツ。「リリース」する感覚、そして自然に「タメ」ができる感覚が理解できるはずだ

いて戻る「間」がスウィングに「タメ」を作り、ヘッドを加速させるのです。

最初はかなりむずかしいと思いますので、コツをお教えしましょう。そのコツは、切り返しで手元を体から遠ざけるように使うことです。右手1本でクラブを持ってトップを作ったら、クラブをグリップエンド方向にスライドさせるように動かしてください。手首の角度は深まり、右ひじが伸びます。感覚をつかむには、右手の親指と人差し指でつまむようにグリップし、トップの状態から胸の向きを変えずに、飛球線後方にダーツを投げるような動きをイメージしてみるといいかもしれません。

## 切り返しのコツは手元を体から遠ざける動き

切り返しは、下半身が先行して上半身が後からついていく動きになる。手元（グリップ）を体から遠ざけるように動かすと、このイメージがつかみやすい

ボールをダウンスウィングで投げつけるドリル

# これが「リリース」の感覚です

正しい「リリース」の感覚を体感するドリルをもう1つご紹介しましょう。それは、両手でメディシンボールのようなものを持ってスウィングし、ダウンスウィングで投げつけるドリルです。このドリルのポイントは、右足の真横あたりにボールを叩きつけるように投げ下ろすという点にあります。

ダウンスウィングの動作のなかでボールを手から放す（リリースする）動作は、そのままクラブの「リリース」と連動します。前述のように、「リリース動作」は左腕が地面と平行くらいの位置から始めたいのですが、このタイミングで「リリース」が行われれば、ボールは自然とその真下付近に投げつけられることになります。

しかし「強く叩きたい」とか「ボールに当てたい」という意識が強いと「リリース」が遅れ、メディシンボールを投げつけるのがボールをティアップした位置付近になりやすいですし、さらに「飛ばしたい」という意識が強いと「リリース」できないまま手元が流れていって、ボールは目標方向に飛んでいくでしょう。

切り返しで左に踏み込むと、少し体が左にスライドしますので、体の右側にスペースが生じます。ダウンスウィングでは、重力という外力も使いながら、そのスペースに腕や手元を「落とす」感覚です。これは、実際にやってみると、前述の「切り返しで手元を遠ざけるように使う」動きと非常に近いことがわかると思います。この動作によって効率よく腕とクラブを加速させ、タイミングよく「リリース」してヘッドを走らせるのです。

## ボールを真下に落としてみよう

トレーニングに使われるメディシンボールなどを両手で持ってトップの形で構え、ボールを右足の横に落としてみよう。「リリース」の感覚がつかめるはずだ

## ✕ ボールを落とすタイミングが遅れるのは「飛ばす意識」が強すぎる証拠

飛ばす意識が強すぎたり、ボールに当てに行く意識が強いと、ボールのリリースがうまくいかない。真下に落とすのが正しい「リリース」の感覚だ

## クラブにかかる力をコントロールする
# 「ミッドハンドフォース」を意識しよう

実際にクラブをコントロールするためには、グリップしている両手の中間点にかかる力の向きを意識することも必要です。この力を「ミッドハンドフォース」と呼びますが、「手元にかかる力の方向」だと理解してもらってもいいかもしれません。スウィング中はこの「ミッドハンドフォース」の向きをスムーズに変えていくことが非常に重要なのです。

次ページの写真を見ていただきたいのですが、写真の中の矢印が「ミッドハンドフォース」の向きです。ダウンスウィングで腕が地面と平行、シャフトが地面と垂直になっている位置では、この「ミッドハンドフォース」は下方向にかかります。しかしここからクラブがリリースされ、シャフトが地面と平行になる位置では、「ミッドハンドフォース」は飛球線方向に向かい、インパクトでは上に、フォローでクラブが地面と平行になるポジションでは、「ミッドハンドフォース」は飛球線と反対方向に向かいます。

このように「ミッドハンドフォース」をうまく方向転換させることができれば、グリップエンドを中心にクラブはクルリと方向を変え、手元とクラブが引っ張り合う力をスウィ

クラブをスムーズに動かすために、「ミッドハンドフォース」の向きを理解しておきたい。スライスの原因となる手元が前に出て（青い矢印）フェースが開くインパクトも、この意識で防ぐことができる

ングスピードに転換することができます。

一方で、スライスに悩むアマチュアに多いのは、ダウンスウィング以降、この「ミッドハンドフォース」を方向転換できずボール方向に使ってしまうケースです。するといわゆる「手元が左に流れる」状態になり、クラブがリリースできずに振り遅れてしまいます。「当てたい」「打ちたい」という意識が強いとどうしても「ミッドハンドフォース」の方向転換がうまくできませんが、ボールは手で打つのではなく、クラブヘッドで打つもの。その意識改革は必要でしょう。感覚的には、グリップエンドの向きを意識することがポイ

手元にかかる力の向き

## 「ミッドハンドフォース」はグリップエンド方向に働く

ントです。ダウンからフォローにかけて、グリップエンドの向きを180度入れ替えます。これには大きな力は必要ありません。

「ミッドハンドフォース」をうまくコントロールできれば、リリースと同時にフェースローテーションも自然と行われます。そのため、従来のレッスンで聞くような「手を返す」とか「腕を入れ替える」というような意識的なフェースローテーションはほとんど必要がなくなります。手先に頼る動作がなく自然な動きのなかで行われるので、「フェースを返す」「タメる」などの余計な感覚が不要になるという意味でも、スウィングがシンプルに、スムーズになります。

タイガーの元コーチ

クリス・コモからのメッセージ②

# 実は「反力打法」はアマチュアにおすすめのメソッドなのです

一般的なことをいえばアマチュアは体を回すときに脚力を十分に使っておらず、地面の反発も活かせていません。誰もが地面を蹴ってはいるのですが、要はその度合いが問題。タイミングと方向が間違っています。またアマチュアがあの人のスウィングはリズムが素晴らしいといっている場合、それは地面を蹴る反力のタイミングの良さを本能的に感じとっています。腕の振りを上手く使ってクラブヘッドに効率よくパワーを伝えていることの証でもあるのです。

最初に指摘したようにアマチュアは地面と自分の脚力を活用していません。ずれていたタイミングと方向を修正することによって、脚力を生かした正しいボディターンの実現が可能です。反力打法のメソッドを理解すればスウィングを向上させるチャンスはいくらでも広がるのです。

## インパクト以降は スウィングのバロメーター

# バランスのいいフィニッシュを目指そう

ゴルフスウィングにおいて大事なのは、インパクトまでの課程です。飛距離アップのためにはインパクトの瞬間にいかにヘッドスピードを最速にするかが肝心です。方向性を高め、効率のいい弾道を得るためには、ヘッドの入射角や軌道、フェースの向きなどももちろん重要ですが、これらもインパクトした後にボールに影響を及ぼすことはできないので、あくまでインパクトまでの動きこそがポイントです。

その意味では、クォン教授の理論においては、インパクト後の動きはあまり重要視されません。ダウンスウィングからの一連の流れという点で、体の回転を止めることはありませんし、インパクト後も足を蹴る動きは続きます。また、先ほど説明した「ミッドハンドフォース」の向きも多少は意識すべきですが、これらはあくまでインパクトの瞬間にもっとも効率よくボールをとらえた結果の余韻のようなものと考えてください。

ですので、よく聞くような「フォローでヘッドを最速にする」とか「フォローを振り抜く方向を重視する」という感覚は必要ありません。むしろ、ゴルフスウィングのように連続的でスピーディな動きを制御するには、インパクトで何かをしようと意図しても間に合いませんから、プレーヤー自身ができることは、もっと早い段階でほとんど終わってしまっていると考えてください。

実際、感覚的には切り返しで地面に圧をかけたあと、ダウンスウィングで手元が腰くらいまで下りてきた段階で、プレーヤーがやることはほとんど終わっています。体の回転は「地面反力」が主体となって「モーメントアーム」を押してくれるので、プレーヤーは何かをするのではなく、スムーズに「抜重」(圧力をかけるのをやめる)して、その動きを妨げないことが大事ですし、リリース動作に関しても、そのきっかけをうまく作り正しい方向にリリースを始められれば、あとは自然とクラブが動き、それに伴ってフェースローテーションも勝手に行われます。

フォローやフィニッシュは、それ自体に大きな意味はなくとも、スウィングのバロメーターとしては1つの目安となります。ダウンスウィングで軌道が乱れていたり体の動きに問題があれば、フォローやフィニッシュはいいポジションに収まらずバランスが崩れてしまいます。そんなときは、その前の動作に問題があると思って、スウィングを見直してみてください。大事なのは形よりも、バランスです。力みなくスムーズに静止できるフィニッシュを目指してください。

# バランスよく静止できたフィニッシュは スウィングがうまくいった証拠

バランスのいいフィニッシュは、スウィングがうまくいった証拠。「形」ではなく、「スムーズに静止できたか」をチェックポイントにするといい

平面的な解釈がわかりにくさの元だった

# スウィング理論を三次元で見直そう

ここまでは「地面反力」を使ったスウィングについて、アドレスからフィニッシュまでの一連の流れに沿って説明してきました。ここからは、もう少し細部にフォーカスして個々に掘り下げて説明していこうと思います。

その前に再確認しておいてほしいのが、スウィングを三次元で考えるクセをつけてほしいという点です。

従来のスウィングイメージで語られる「軸」や体重移動などはどうしても二次元的になりがちですが、それではスウィングの本質的な動きをとらえることはできません。前述のように、スウィングには「垂直軸」「前後軸」「飛球線方向軸」の3つの「軸」があり、そのすべてに対して回転動作が生じているわけですから、正面や後方などどこか1方向から撮ったスウィングの連続写真や動画などに単純に線を引いて説明してもすべての動きを正しく説明することはできないのです。

上記の3つの「軸」のなかでは「垂直軸」の回転量がいちばん多くなるため、プロゴルファーや上級者が自分の感覚に基づいてスウィングを語る際には、「軸」というところの「垂直軸」について強くイメージし、その動きを強調しているケースが目立ちます。しかしどのように表現されていようとも、その背景には必ず「前後軸」や「飛球線方向軸」の動きが隠されており、必ず3つの軸回転を伴う動きが含まれているのだということを忘れてはいけません。

その意味では、クォン教授の考え方は、従来のスウィング理論すべてを否定するものではありません。もちろん、「左ひざは伸ばすな」とか「土台を固めて腕を振れ」というような古いレッスンとは相容れない部分もありますが、基本的には従来説明されてこなかった部分を科学的に解明し、より細分化して具体的に説明しているものなのだと考えてください。

みなさんがすでに持っている感覚やこれまで耳にしてきたレッスンなども、クォン教授の理論を元に、三次元的に見直してみてください。すると、いままで見えてこなかったスウィングの本質が見えてきたり、過去に受けてイマイチしっくりこなかったアドバイスが急に合点のいくものになったりすることもあるでしょう。それができれば、スウィング理論をゼロから再構築するよりも、ずいぶんと近道になるはずです。

### 線を1本引けばすべてがわかる?

スウィング写真に「軸」をイメージする線を1本引いた解説をよく目にする。しかし、三次元の動きであるスウィングを、1本の線だけで解説することは不可能だ

## 二次元的発想で考えるとスウィング理論は難しい

## 動きの順番（運動連鎖）と「オーケストレーション」

# 形だけまねても「地面反力」は生かせない

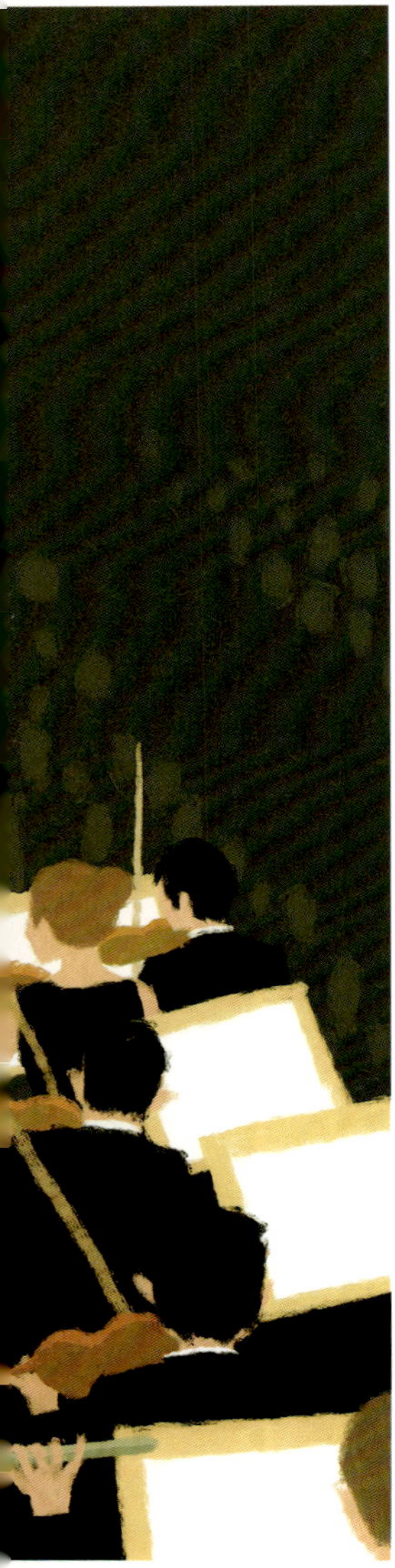

スウィング全体を考えたときに、クォン教授は「動きの順番」（運動連鎖）をもっとも重要視しています。どこをどのように動かすかという形をなぞっても「地面反力」を使うことはできませんが、動きの順番さえ正しくスムーズであれば、少なくとも「地面反力」は使えます。まずは反力を始めとした外力を生かしたスウィングの感覚を身につけることが先決です。細かな部分はその後からいくらでも調節がききますが、スウィングの形だけ身についてもそこから反力を使った動きを取り入れることは困難です。過去に「地面反力」を使うスウィングを試してみたけれどもうまくいかなかった」という人の多くは、形ばか

ゴルフスウィングにも、体の動きの順番を指示する指揮者が欠かせない。自分自身が指揮者となり、体の各部位をスムーズに動かす意識が必要だ

りを意識して、肝心の動きの順番が間違っていたという可能性は高いでしょう。

具体的には、バックスウィングがトップに到達する前に左足の踏み込みによってダウンスウィング動作を開始すること。さらに細かく言えば、まず足、次に腰、そして胸、肩、腕、最後にクラブという順番で各パーツが動かなければなりません。ダウンスウィングは、足と骨盤などの下半身が上半身を引っ張りますが、この上下のオーケストレーション（統合）が重要なのです。

アマチュアの方のスウィングを見ていると、切り返しの瞬間に、腰や胸などの後から回転すべき部分が動き始めるタイミングが早すぎるケースが多いのですが、これでは上下の動きがバラバラになり、振り遅れやアーリーリリースなどの問題が生じやすくなります。

本来、スウィング中、腕は能動的な動きは一切せずに、下半身や胴体の動きによって受動的に「振られる」べきものですが、上下のオーケストレーションが乱れた瞬間、インパクトでアジャストするために、腕を能動的に振る必要性が生じます。その結果、「振られる」べき腕に余計な力が入り、外力の作用を妨げてクラブの動きにブレーキをかけることになってしまうのです。

正しいタイミング・順番で動くことは、「モーメントアーム」を長くすることにもつながります。いずれの意味でも、まずは形よりも順番の優先順位が高いということを忘れないでください。とくに動き出しには細心の注意を払う必要があります。体の末端である足から動き出せれば、その動きは体幹方向にスムーズに波及していきますが、動きの始点が

## 力を伝える体の動き

下半身が胴体を動かし
腕・クラブが振られる動き

動きの順番が狂ったら
「地面反力」は使えない

腰などの中間点だったり腕だったりしたら、スウィング中に動きの順序を取り戻すことはできないのです。

当たらなくてもいいから
正しい順番で体を動かそう

# 「打ちたい」「当てたい」が力みの原因

本来は、スムーズに動こうと思うと、人間の体はある程度、自然な「運動連鎖」で動けるものです。みなさんがスムーズに歩けるのも、足を踏み出す動きや反対の足を蹴る動き、腕を振るタイミングなどの「運動連鎖」を自然と整えられているからです。

しかし、ゴルフスウィングのように動きがスピーディで複雑になるにしたがって、スムーズな動きには多少のコツが必要になります。とりわけ、走ったり跳んだりするだけでなく、道具を扱ったりボールを打ったりする動作になると、スムーズな「運動連鎖」を妨げる要因が増えてくるので注意が必要です。

それらは主に「力み」が原因です。野球などのボール投げでスムーズに腕が振れない人は、ボール自体に力を込めて投げようとしているのが原因ですし、ボクシングなどでも拳に力が入ってしまって腕のスムーズな伸縮が損なわれれば、いわゆる「猫パンチ」のようなぎこちない動きになってしまいます。

ゴルフにおいては、「当てたい」と「強く叩きたい」という2つの意識が「力み」の主な原因と言えます。前者は、長い棒の先についた小さなクラブヘッドを、さらに小さいボールに正確に当てなければならないことに対する恐怖感や不安感が、後者は「力まずにクラブヘッドを振り抜く」ことよりも「腕力で思い切り叩く」ほうが飛びそうだという間違った理解が、腕などの末端を器用に動かそうという意識を優先させ体のコア部分の動きや「運動連鎖」を損なうのです。

しかし実際は、正しい「運動連鎖」でスムーズにスピーディに動ければ、軌道を歪めたりフェースの向きを乱す「力み」の要因がなくなるので、クラブを速く振りつつ、正確に当てることが可能なのです。むしろ、手先で操作するよりも再現性が高くブレない動きができるので、方向性もよくなります。

これを理解するには、「力を抜いたらうまく当たっちゃった」「意外に真っすぐ飛んだ」というような成功体験によって「手先で操作しないと当たらない気がする」「強く叩かないと飛ばない気がする」という間違った認識を上書きしていくしかありません。

そしてそのためには、まずは「当たらなくてもいいから、正しい動きをやってみる」ことから始めてください。正しい動きを意識してスウィングしていても、最初は当たらないのは当然です。しかしアマチュアゴルファーの多くは、練習場でも「うまく当てる」「真っすぐ飛ばす」にこだわりすぎますし、すぐに結果を求めすぎるので、この「最初は当たらない」段階で挫折してしまう人がとても多いのです。

せめて100球か200球くらいは、だまされたと思って試してみる勇気を持ってください。自分で試行錯誤しながらやっているうちに、いくつかの成功体験を得られるはずです。その積み重ねが重要なのです。

## 「当てる」「飛ばす」よりもスムーズな動きを心がけよう

「当たるかどうか」「飛ぶかどうか」と心配する前に、体をスムーズに動かすことに集中してみよう。スムーズな動きに集中することで、「運動連鎖」の感覚もつかむことができる

### ✕「当てたい」という意識が強い

### ✕「強く叩こう」と力んでしまう

## ボールを見続ける意識がスムーズな動きを阻害する

# 視界の違和感に負けるな

成功体験を得るためには、しばらくの間、新しい動きにともなう違和感を残しながらスウィングする必要があります。

なかでも視覚的な違和感というのは非常に大きな不安を感じるので、しばらく当たらなかったりすると、それに負けて新しいチャレンジをやめてしまいがちですが、前傾姿勢で回転運動を行うゴルフスウィングにおいては、直立した状態との視覚的なズレが必ずあるのだということをきちんと理解することが重要です。

人間は普段、立っていても座っていても歩いていても、上体を直立させて両目を結んだラインをほぼ地面と平行に保ったまま生活しています。しかし前傾して、しかもバックスウィングやフォローで左右に体を回した状態では、両目のラインは地面に対して斜めになります。この違和感に負けると、「前後軸」に沿った動きを損ないやすいので注意が必要です。

具体的には、バックスウィングでは視線が左下がりになり、しかもボールから遠ざかる

## フォローでも両目のラインは傾けたまま保つのが正しい動き

フォローでも両目を結ぶラインの傾きは保つ意識が必要。両目のラインを水平に保つ意識を持つと、肩がヨコに回る可能性が高く、「地面反力」を十分に生かすことができない

ので不安を感じやすいのですが、それを嫌がると逆体重や上体が飛球方向に傾いたトップになったり、反対にバックスウィングでの回転が不足したりします。日本のゴルフレッスンに昔からある「頭を動かすな」というようなアドバイスは、こういった動きを助長することにもなりますので、注意が必要です。

フォローでの視界の違和感を嫌がると、右肩を起こしながら目線の平行を保とうとするので、上体の起き上がりが早くなり、カット軌道になるなどの弊害が起こります。既存のレッスンでは「ヘッドアップ」を異様なまでに嫌がり、「インパクト後までボールのあっ

## バックスウィングからトップで両目のラインが傾くのは自然な動き

両目を結ぶラインが傾く、つまり視界が傾くことに違和感を持つと「前後軸」を中心としたタテの回転が損なわれてしまう可能性が高いので注意が必要だ

たところを見ておけ」と指導するケースも多いですが、これはこういった上体の起き上がりを防ぐための方策です。しかし厳密に言えば、ずっとボール地点を見続けている必要はなく、前傾姿勢を崩さずに「前後軸」回転をしてさえいれば問題ありません。ですから、右下がりの目線を保てていれば体と一緒に首を回して目標方向に視線を送ってもいいのです。

大事なのは視界が歪むことを恐れず、自然なこととして肯定的に受け入れることです。視界の違和感に慣れるためには、極端に深く前傾して体を回転させるドリルなども有効だと思いますので、試してみてください。

### 固定観念は捨ててしまおう

# 「ボールをよく見る」「頭を動かさない」この教えが飛距離アップを妨げている

レッスンを受けたときに「もっとボールを見ましょう」などと言われたことはないでしょうか？　しかし「ボールをよく見る」「頭を動かさない」という教えを忠実に守ることが、実は飛距離アップを妨げているのです。

飛距離を出すためにはミート率を高めることも必要ですが、やはりヘッドスピードを上げることが不可欠。

頭を無理に固定してスムーズな動きを阻害してしまえば、体の回転速度を上げることはできません。

体がスムーズに動くようになるドリルを一つやってみてください。地面を見たまま振るのではなく、頭をターゲット方向に向けたままクラブを水平に振るドリルです。下半身が回ってから上半身が回るという正しい体の動きの順番を覚えることができます。

この水平素振りのあとにボールを打ってみると、その効果が実感できるでしょう。

## ターゲットを見ながら水平素振り

通常のアドレスの形から、地面ではなく目標を見ながら、野球のバッティングのようにクラブを水平に振る。下半身が先行して上半身、腕、クラブが順番に振られる感覚を養うことができる

つま先側、かかと側、足の裏で加重をコントロール

# 足の前後の動きを意識しよう

スウィング中のフットワークも、新しい動きとして取り入れたときに違和感が大きい部分だと思います。左右への体重移動や左への踏み込みなどは、従来から意識して行っている方も多いでしょうが、前後方向へのフットワークを意識してスウィングしているアマチュアは少ないので、ここには新たな意識づけが必要かもしれません。

これまでも折に触れて出てきた動きですが、スウィング中、足の裏で前後に加重をシフトする動きは、「地面反力」を使ううえで必須です。改めて説明すると、バックスウィングでは①右足のかかと側と左足のつま先側、ダウンスウィング以降は②右足はつま先側を踏み、左足は足の真ん中で踏み込んでから、かかと側を踏みます。左右の足が互い違いに動くシーソーのようなイメージです。直立しその場でこの動きを行ってみると、①の動きで腰が右を向き、②の動きで腰が左を向くことがわかると思います。つまりこの動きは、「垂直軸」での回転を促進する動きなのです。

先ほども「運動連鎖」について話しましたが、腰や胴体というパーツは、足が動いた後

にそれにつられて動くべきパーツです。しかし、腰を切ろうとか体を回そうという意識でスウィングしてしまうと、「運動連鎖」が崩れて回転過多になったり力んだりしてしまいます。だからこそ、足の動きによって回転を促進することが非常に重要なのです。

このように足の裏を前後に動かすと、体がグラグラして不安定だと感じるかもしれません。しかし、ゴルフスウィングにおいてはこの不安定な状態のほうがよいのです。どっしりと構えてしまうと下半身が使えず、「運動連鎖」の最初の部分が滞って、リズムも悪くなる。「どっしり」のイメージでスウィングしてきた人は、この不安定さにも慣れることが必要かもしれません。

## バックスウィング

### 右足かかと側、左足つま先側に踏み込む

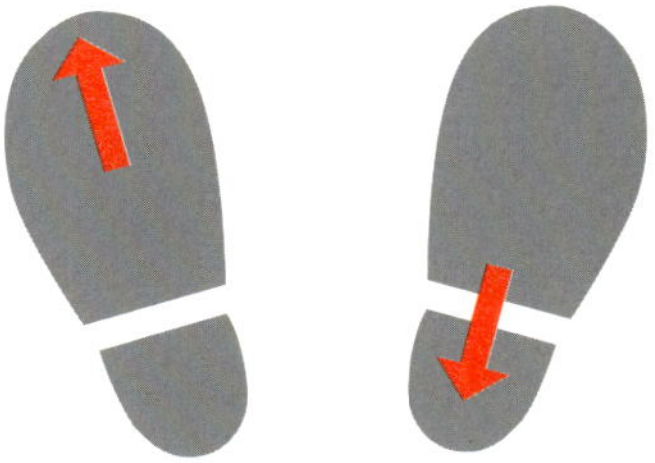

フットワークでは、左右だけでなく、前後の意識も持ちたい。バックスウィングでは右足のかかと側、左足のつま先側に踏み込むと「地面反力」を生かすことができる

## ダウンスウィング

### 左足かかと側、右足つま先側に踏み込む

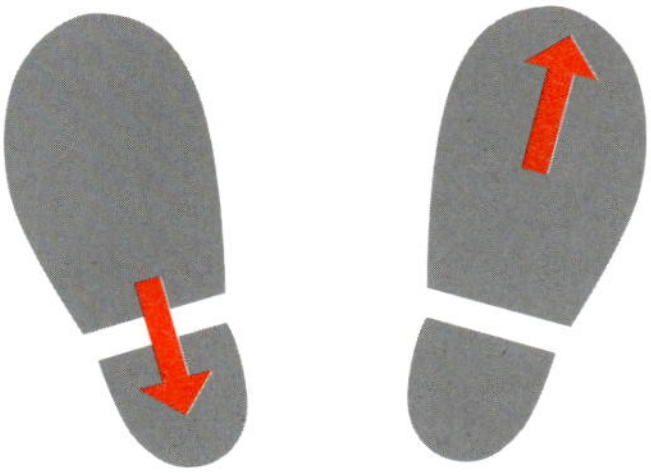

ダウンスウィングでは右足はつま先側、左足は真ん中で踏んでから、かかと側に踏み込む。このとき、右足を「蹴る」意識が強いと、ジャンプしているように見えやすい

左股関節が切れ上がり、腰がスムーズに回転する

# ダウンで左ひざを伸ばす理由

スウィング中の下半身の動きでアマチュアの方の多くが抵抗を感じるものの1つに、左ひざを伸ばす動きがあります。

というのも、日本の古くからあるスウィングレッスンでは、「左ひざをインパクトまで曲げたままキープしてカベを作りパワーを受け止めろ」と指導されるケースが多いからです。

これは、重くて球がつかまりにくいクラブが主流だった時代に、しっかりと股関節を入れ替えて腕を振り、球をつかまえるための動きとして意識しているプロゴルファーが多かったことに加え、アマチュアゴルファーには、ダウンスウィング以降で左腰が左にスウェイしながら左ひざが伸びて回転できずにスウィングしている人が多かったため、それを修正する意味合いもあったのだと推察されます。

しかし大事なのは、下半身の動きによってしっかりと腰が回転し、それによって胴体、肩、そして腕が振られるように動くことです。そして、現代のバイオメカニクスによる研

究では、左ひざは伸ばしたほうがスムーズに腰を回転することができ、「地面反力」を回転力に転換するうえでも効率がいいということがわかっています。

ただし、前述のようにスウェイしながら左ひざが伸びるのはNG。左ひざの伸展によって腰が左後方に押し回され、その場で左股関節が切れ上がるように回転することがポイントです。

トップの段階では曲がっている左ひざをダウンスウィングで伸ばそうとすれば、足の裏が地面に接地している以上、その反対側、足の付け根である左股関節部分が押し上げられます。

このとき、先ほど説明した足の裏の前後方向の動きが正しく行われ、左足のかかと側にきちんと加重されていれば左股関節は自然とお尻側、体の正面から見たときに右斜め上方向に押し上げられます。これが骨盤を動かし「垂直軸」と「前後軸」両方での回転を促進するというわけです。

このように、切り返しで左足を踏み込んだ後、ダウンスウィングで左ひざを伸ばしていく動きは、スクワットのような上下運動です。ただし、左ひざを伸ばす際に左のかかとに乗ること、そして前傾をキープすることができれば、たんなるスクワットとは違い自然と腰（左股関節）が切れ上がる感覚がわかるはずです。

**ダウン**

ここから左ひざを伸ばす

**インパクト**

左股関節が切れ上がり
体が回転する

左ひざは、左の股関節が切れ上がるように伸びる。腰が飛球線方向にスウェイしたり、後ろに引けてしまうのはNG動作

## 上下動のないスウィングは科学的にありえない

# ジャスティン・トーマスのジャンプする動き

「地面反力」を使ったスウィングの例として、インパクトでジャンプするような動作が挙げられます。実際、ジャスティン・トーマスやレクシー・トンプソンなど、そういった動きが顕著な選手には飛ばし屋が多く、彼らが「地面反力」をうまく使ってスウィングしているのも事実です。これは、88ページで紹介したような、ジャンプしながら360度回転するような動きで回転速度を上げていることを考えれば納得がいくと思います。

本書では、スウィング中の上下動は悪ではないと繰り返し説明してきましたが、それでも「ジャンプするような上下動をしたらボールに当たらないのではないか」と考える人も多いでしょうし、実際にスウィングするうえでは最初は恐怖感があるかもしれません。

ですがよく考えてみてください。スウィング中には腕やクラブなどの重量物が上下に動くうえ、ダウンスウィングではそれに回転の力が加わって下りてくるわけですから、スウィング中に上下方向の大きなパワーの変化が起こっていることは自明です。これを、体自体を上下に動かさずに踏ん張って振るのと、クラブと体とが引っ張り合いながらバランスを取って振るのとでは、どちらがスピードを出せるかでしょうか。ゆっくりで精密な動きが求められるのであれば、踏ん張って振ってもいいかもしれませんが、ゴルフスウィングにはある程度のスピードが必要です。

クラブにスピードがついているのに上下動を抑えようとしたら、むしろクラブに体が引っ張られて前のめりになり、ダフってしまうはずです。

さらに、ダウンスウィングからインパクトでは、シャフトが下方向になる「トウダウン」も起こります。ですので、厳密にアドレスと同じ高さを保ってインパクトしようとするとダフってしまいます。トッププレーヤーのスウィングを見ても、インパクトではアドレスよりも若干手元が高い位置にあるのが普通です。

このように上下動が避けられない以上、それを積極的に使ってスピードを上げつつ、そのなかで再現性の高いインパクトを目指すほうが合理的なのです。そして実際、すべてのプレーヤーが上下動をコントロールしながらスウィングしています。

プロゴルファーや上級者には、「体の上下動を抑えて振る」と表現する人も多くいます。しかしそういう人でさえ、実は腕やクラブと体のバランスを取るために（意識的にせよ無意識にせよ）上下動を行っていて、その結果「上下動が小さく見えるように」スウィングすることを目指しているのだと考えてください。

「インパクトで手元を低く」と言う人のスウィングにも必ず「トウダウン」は発生していて、それでも上手く当たるように振っているのです。

## “クラブと体が引っ張り合う”インパクト

写真のジャスティン・トーマスのように、インパクトの手（グリップ）の位置はアドレスよりも高くなるのが自然。上下動することで、腕やクラブと体は引っ張り合いながらバランスを取っている

　もちろん、彼ら自身はそういう感覚でスウィングしてうまく打っているのでしょうし、それ自体が間違っているわけではありません。

　しかし、「上下動のないスウィング」はあり得ず、それを制御するために上下の動きは必要だということを理解してください。

「地面反力」を生かし、クラブを加速させる動き

# 伸びて沈んで、伸びながら打つ

改めてスウィング中の上下動を細かく見てみましょう。

まずバックスウィングでは、「地面反力」を使ってクラブを上げていくため、アドレスよりも伸び上がってOKです。

むしろ、多少の伸び上がりは切り返しで踏み込んでいく準備動作として必要であり、反対にバックスウィングで沈み込んでしまうのは切り返しでの伸び上がりを生むデスムーブと言えます。

そして切り返しで左足を左斜め下に踏み込んだあとは両足で地面に圧をかけていくので、ダウンスウィング前半では足首、ひざ、股関節が屈曲され、それによって沈み込む動きが発生します。このとき頭の位置が下がるのは自然な動きです。

ダウンスウィング後半からは「地面反力」を受けて「前後軸」で回転しながら左ひざを伸ばしていくため、体は伸び上がっていきます。

こういった上下動は「地面反力」を使ううえで必須の動きですが、ダウンスウィングで

腕やクラブを加速させるためにも役に立っています。

これは振り子の動きをイメージしてもらうとわかりやすいのですが、振り子を加速させるためには、支点部分の上下動をタイミングよく行うことが重要です。腕やクラブといった「振られる」部分を加速するためにも、体の上下動によって支点を動かすことは、メリットが大きいのです。

スウィング中、股関節やひざ、足首などの体の関節は固定されずに動きつづけます。これは「地面反力」を使ううえで必要な動きですが、それ以前に、それらの関節を固定したままスムーズにスウィングすることができないということは容易にイメージできると思います。

そう考えれば、「上下動をせずにスウィングする」という発想自体に無理があり、スウィング中の上下動をタブー視する必要がないこともわかっていただけるのではないでしょうか。

「前後軸」を中心としたタテの回転をうまく使うのが、このレクシー・トンプソンだ。上下動を恐れることなく、「地面反力」を積極的に活用している

「地面反力」を「前後軸」周りの回転に変える
# レクシー・トンプソンの上下動

アドレス

バックスウィングで伸びる

ダウンの後半は地面反力を受けて伸びる

伸びた状態でインパクト

## 重要なのは左右より、上下の意識

# 「体重移動」は必要ない

スウィング中は、上下動だけでなく左右への動きも生じています。

スウィング中の横方向の動きについては、「体重移動」という言葉で表現されることが多く、「バックスウィングで右に乗って、ダウンスウィングで左に乗る」などという指導も多くみられます。

しかし、この「体重移動」という言葉のイメージに引っ張られて、体を左右に揺さぶるようにしてスウィングするのはお勧めできません。

その理由として、左右方向への動きはヘッドスピードを上げる原動力としてあまり有効ではなく、スウィングの再現性を損なうデメリットのほうが大きいということが挙げられます。

スウィング中、腕やクラブの動き、足の踏み込みなどによってたしかに左右方向の「体重移動」は生じますが、その左右の動きを意図して行うのは、得てしてオーバードゥになりスウェイの原因となりがちです。「体重移動」は、能動的なアクションというよりも、スムーズにスウィングした結果として生じるのだと考えるほうが適切でしょう。

そしてそれらを引き起こすのは、おもに足の踏み込みによるセンター・オブ・マス（体の重心）やセンター・オブ・プレッシャー（圧力の中心）の移動と考えてください。バックスウィングとダウンスウィングそれぞれにおいて、「地面反力」を使うために足で地面に圧をかけますが、この動作によってセンター・オブ・プレッシャーの位置は変わりますし、センター・オブ・マスの移動も起こります。これが「体重移動」の正体です。

もちろん、こういった動きをスムーズに行うために、若干、体を揺さぶるイメージもってスウィングしているプロや上級者もいますし、そういう人にとっては「右に乗って、左に乗る」とか「左にしっかり体重を移す」という表現になるかもしれません。しかし実際は、フォースプレートなどの計測器で重心や加圧の位置を調べてみれば左右の移動幅は意外に小さいのです。「積極的な体重移動」を示す表現に従って体を動かしたときには、正しい動きになる可能性よりも間違った動きを誘発するリスクのほうが高いと言えるでしょう。

その意味では、正しい「体重移動」でスウィングするためには、左右方向の動きよりも、「右を踏んで、左を踏む」という上下方向の動きを意識したほうが適切だとは私は考えています。「体重移動」はその副産物として、逆方向になったり過剰になったりしないようにさえすればいいのです。

## ○ 左足を真ん中から かかと側に 踏み込んでダウン

「体重移動」より左右の足の踏み込みを意識したほうが、体はスムーズに動きやすい。左足は真ん中で踏み込んでから、かかと側に圧をかける動きとなる

## × 体重移動を意識すると スウェイが起きやすい

「体重移動」することを意識してスウィングすると、動きが過剰になりやすい。スムーズな体の動きが損なわれるので注意が必要だ

## 「しなさい」「するな」は言葉だけの問題

# 重要なのは「どうなっているか」

「体重移動」の例のように、ゴルフスウィングには自分で意識しながら能動的に行うべき動作と、それ自体はあまり意識せずに、結果として「なっている」ほうがスムーズにいきやすい受動的な動作とがあります。

しかしこれらには個人差があり、「この動作は絶対に無意識」とか「これは意識的に行わないとできない」というような絶対的な区分はありません。だからこそ、同じようなスウィングを目指していても「体重移動をしろ」と表現するレッスンと「左を踏み込め」と表現するレッスン、「腕を振れ」というレッスン「腕を振るな」というレッスンが存在するわけです。

しかし、重心の左右の移動がないスウィングはありませんし、腕をまったく振らないスウィングも存在しません。「〜しなさい」「〜するな」という指導は、あくまで「そう意識したほうがうまくいきやすい」という方法論の差でしかないのです。

とくに、アベレージゴルファーが苦手な動作については、そもそも〝できていない〟動

復活を遂げたタイガー・ウッズのドライバー・スウィング。下半身の動きに注目して見ると、両足の踏み込みで体を操っていることがよくわかる

## タイガー・ウッズは体重移動を意識しているのか？

きを強調して身につけさせるために極端に表現しているレッスンが非常に多くあります。球をつかまえるために「フェースを思い切り返せ」と言ったり、スウェイを止めるために「下半身を固定しろ」などと指導するのはその例でしょう。こういった動作は、そもそも〝できている〟人にとっては無意識であったり、むしろやりすぎないように抑える意識があったりするケースも多いため、トッププロに聞くと「フェースは返さないように振っている」とか「下半身は積極的に左右に動かしている」などと、正反対の答えが返ってくることもあります。

しかし実際は、両者の間の基本的に目指すべきスウィングには、大きな違いがない場合も多いのです。

だからこそ、もっとも重要なのは「どうなっているか」という客観的事実であって、「どうするか」という主観的な動作はすべてそのための方法論だということを忘れないでください。

## 「押す」か「蹴る」か。「踏み込む」か「抜重」か

# いろいろな感覚を試してみよう

地面反力を使ったスウィングにおいて、言葉の問題で取り沙汰されることが多いのは、足を蹴るのか地面を踏むのか、またはジャンプするのかしないのかという点かもしれません。

このフットワークについては、「地面反力」を生むために「圧をかける」ことが基本的事実だということがまず大前提です。

ダウンスウィングで左足を踏み込む（地面を押す）意識が強ければ、「前後軸」の回転要素が強いスウィングとなります。

ダウンスウィングで左足を踏み込んだ後に右足を蹴る（強い圧をかける）意識が強ければ、「垂直軸」の回転要素が強いスウィングになりやすいと言えるでしょう。

また、左足の踏み込みが長ければ左への重心移動の距離も長いスウィングになりやすく、足の前後の圧が生み出す反力のトルクを使う意識が強ければ、その場で回転するスウィングになりやすいのです。

さらに、「ジャンプ」というイメージが強い人は、圧をかけることよりもその後の「抜重」（左ひざが伸びる動き）に意識がある人に多いと言えます。スウィングの基本動作である左足で地面に圧をかける動作が無意識にできている人、さらに従来身についていたスウィングで、インパクト前後で左を踏ん張ってカベを作るイメージが強かった人にとっては、いままで自分のスウィングの中になかった「抜重」に意識を置いたほうが「地面反力」をうまく使えるため、そのように感じるというわけです。

これらはどれも間違いではありません。大事なのは、切り返しのとき左足で、自分から見て左斜め下方向に圧をかけ、それを「抜重」しながらスウィングするという動作が、自分にとっていちばんスムーズにできるイメージを見つけることなのです。そしてそういった自分の内面の感覚は、自分にしかわかりません。最初から1つに決めつけず、いろいろな感覚を試してみてください。

「踏み込む」「かけた力を抜く」

## どちらの意識が強いときに体がスムーズに動きますか?

ダウンの前半で踏み込む

ダウンの後半で
左ひざを伸ばし「抜重」する

同じ動作をしているのに、一人ひとりの意識はことなる。ゴルフではよくあることだ。自分に合うのはどの意識が強いときか。「踏み込む」「蹴る」「力を受け止める」など、いろいろ試しながらスウィングしてみよう

## 大きな「Xファクター」は飛ばし屋の証明？

# 「ねじる」ことが目的ではない

ゴルフスウィングにおいては、能動的に「する」ことと、受動的に「なる」ことの問題は、さまざまな面に影響します。スウィング中の「Xファクター」もその1つです。

スウィング中の上半身と下半身の回転量の差を、頭上から見たときの肩のラインと腰のラインの交差をアルファベットの「X」に見立てて「Xファクター」と呼びます。アメリカを代表するスウィングコーチの1人であるジム・マクリーンなどが広めた言葉で、日本語では「上下の捻転差」などとも言います。そしてトップ・オブ・スウィングで、下半身に対して上半身がより多く回転していて捻転差が大きい、つまり「Xファクター」が大きいほど飛ばしには有利だと言われています。

これについては、多数のトッププレーヤーのスウィングを研究した統計として、「飛ばし屋ほどXファクターが大きい傾向がある」のは事実です。しかし、下半身を止めて上半身をねじり上げれば「Xファクター」が大きくなりますが、それでヘッドスピードが上がって飛ばせるかと言うと、必ずしもそうではありません。つまり、「Xファクターを大きくしさえすれば飛ぶ」というものではないのです。

というのも、「Xファクター」に現れる上下の捻転差は、それ自体を作ろうとして体をねじっても、それは有効なものとはならないからです。人間の体は、ゴムのようにねじり上げてそれを解放しても、その反動で加速しながらねじり戻るようにはなっていないのです。「ギリギリとねじり上げ、そのねじり戻しで回転する」というイメージは、実は間違っています。

では「Xファクターの正体」は何かと言えば、正しい「運動連鎖」によって生じる上下の動きの時間差です。「地面反力」を使ってバックスウィングし、腕やクラブがトップに上がり切る前に左足を踏み込む動作でダウンスウィングを開始することで、上半身が（頭上から見て）時計回りに回っているうちに下半身が反時計回りを開始する。これは、「地面反力」やカウンター動作による切り返しの反動を使ってスムーズにスウィングし、ヘッドを加速させるための必須条件で、上下の捻転差を作ること自体が目的ではありませんが、「運動連鎖」のスムーズなスウィングをすれば、自然と「Xファクター」も大きくなるのです。

このように、現象として現れることと、現れた現象を形として再現しようとすることは別のことであり、混同するとスウィングの品質を見誤る恐れがあるので、注意が必要です。

## 正しい「運動連鎖」ができた結果が「Xファクター」

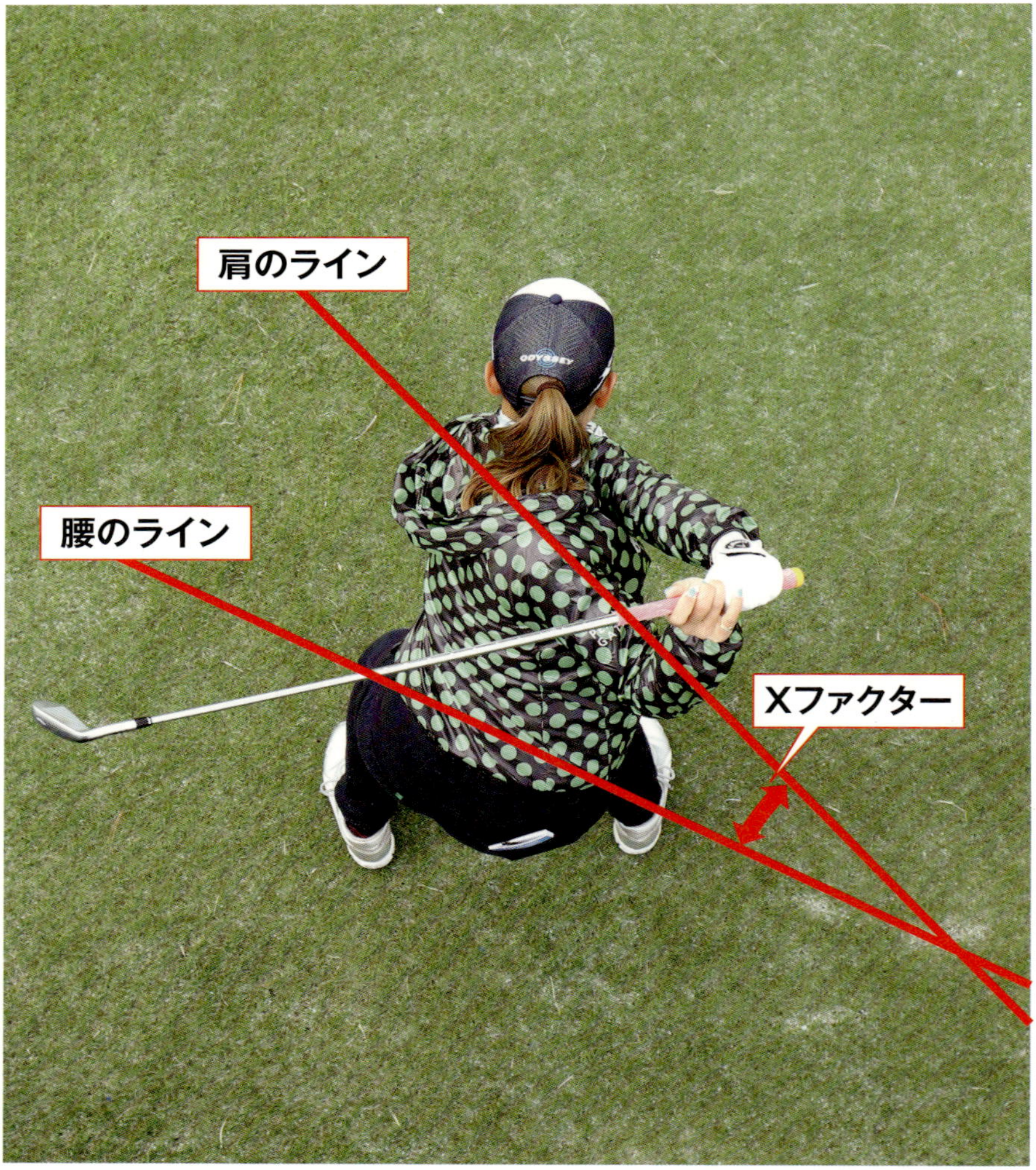


上半身がまだバックスウィングしているうちに、下半身は先行してダウンスウィングを開始する。この体の動く順番（運動連鎖）が正しければ、上半身と下半身がセパレートされ、結果として大きな「Xファクター」が作られる。「Xファクター」はあくまで結果として現れるものであり、大きな「Xファクター」を目標とするべきではない

効率よく体を動かすために

# 力のベクトルを知ろう

「地面反力」を使ってスウィングするうえでは、「地面反力」が地面を押したときに返ってくる力であることは理解できても、それをゴルフスウィングに利用するイメージがわかないという人は多いのではないかと思います。

「地面反力」をスウィングの回転力に変えるためには、力を使う方向、エネルギーのベクトルを正しく意識し、コントロールすることがとても重要です。最後にその「力の向き」を改めて見直してみましょう。

まずバックスウィングの始動（187ページの写真1）では、右足で地面を押すことによって上方向の「地面反力」を生み、それを利用して「前後軸」の時計回り回転を促して腕とクラブを上げていきます。このとき右足は真上から地面を押しますが、バックスウィングが始まったら、「垂直軸」の回転がスムーズになるように、右足はかかと側、左足はつま先側に加重していきます。これらの動きによって、右ひざが伸びながら右股関節が切れ上がるように動くので、「地面反力」は右のお尻側に抜けていくような感覚があっていいでしょう。

このときの反力のベクトルは、右足を主体に地面を押しているため（正面から見ると）右に傾いており、それによって「モーメントアーム」が長くなって回転を促進するのですが、これはあくまで反力のベクトルであって、プレーヤー自身が斜め方向に力を加えようとすると腰が右に流れてスウェイの原因となるので、感覚的には真上から圧をかけることが重要です。

バックスウィングからトップ（187ページの写真2）では、アドレスよりも少し伸び上がりますが、右の股関節が正しく切れ上がっていけば、必要以上に前傾角度が崩れる心配はありません。バックスウィングでプレーヤーが力を使うのは、腕が地面と平行になるくらいまでで終わりです。そこから先は動き始めた腕やクラブが慣性で上がっていってトップを作りますが、プレーヤーはすでにダウンスウィングに移行しています。

ダウンスウィング（186ページの写真3）の最初の動作は、左足で地面を押すことです。腕が地面と平行な位置まできたら、思い切って左足を左斜め下方向に踏み込みましょう。この動きによって、（正面から見て）時計回り方向に動き続ける上体や腕、クラブを反対方向に引き下ろす力が生じますが、腕やクラブは急には止まれないため、下半身の動きと上半身の動きが逆方向になる瞬間が生まれます。これはダウンスウィングの重要なポイントであり、上下の捻転差「Xファクター」を生む動きでもあります。

切り返しからダウン（186ページの写真4）では、左足を強く踏み込むことによって自然とセンター・オブ・マスが左へスライドし、スムーズな体重移動を生みます。左足を左斜め下方向に踏み込むことに加え、バックスウィング時とは反対に左足が主体の動作となるため、左右の合力としての「地面反力」は左足寄りに傾きます。そしてこれによって、長い「モーメントアーム」で「前後軸」回転を強く促すことができるのです。

左足を踏んだ後は、「地面反力」を受け止めようとせずに左ひざを伸ばしながらスムーズに「抜重」することで、左股関節が切れ上がり「前後軸」の回転を加速します。

このとき左足は真ん中からかかと側、右足はつま先側へと加重して「垂直軸」回転を促しますが、右足を蹴るように地面を押していくことで、「垂直軸」での回転力をアップさせます。

ダウンスウィングからフォローにかけて（186ページの写真5）は、バックスウィング時と同様、左のお尻方向に「地面反力」が抜けていく感覚があると思います。

プレーヤーが積極的に力を出すのは、インパクトまでで終わりです。実際は、インパクトでも強く力を出したりすることはなく、「ミッドハンドフォース」がスムーズに働くような意識はあっても、腕力で強引に向きを変えるわけではありませんので、実質的には大きな仕事は切り返しからダウンスウィングの序盤までと言っていいでしょう。

むしろ、必要以上に内力（筋肉などの力）を使おうとせず、動きの順番と方向に意識を集中してください。この「運動連鎖」こそが、スウィングにおいて非常に重要なポイントなのです。

3 ダウンスウィングの開始
下半身が先に動き始める
左足で左斜め下方向に
地面を踏み込む
5 インパクトからフォロー
「地面反力」が抜けていく
4 ダウンスウィング
左足を強く踏み込み
「前後軸」周りの
回転を加速する
左足は真ん中から
かかと側に踏み込む
右足は
つま先側に踏み込む

 撮影協力＝フォーティーン

# 終わりに

クォン教授との初めてラウンドで、私はドライバーショットで40ヤード置いて行かれました。クォン教授は、身長170センチの普通体型。ドクターペッパーが大好きでトレーニングは大嫌いな52歳のおじさんで、もちろんプロゴルファーではありません。そんな彼が軽々と320ヤード飛ばすのを目の当たりにし、私は彼に師事しようと決めました。

私が「地面反力」に興味を持ったのは飛距離に悩むクライアントの問題を解決するためでした。当時、私は方向性と再現性に優れたスウィングの構築を得意としていましたが、飛距離の出ないクライアントの問題を改善するため、飛距離アップの方法を求めて欧米でリサーチをしていました。

アメリカのドラコン選手に取材したり、有名コーチに飛ばす方法を学んだりしましたが、なかなか納得できる方法に出会うことができませんでした。

そんなとき、ある勉強会で「グラウンド・リアクション・フォース」という言葉に出会い「地面反力」というものを知りました。そのころ私は「地面反力」はもちろん、バイオメカニクスに関しても詳しく理解していなかったので、理解を深めるべく、ゴルフバイオメカニクスの権威であるクォン教授の在籍するテキサス州ダラスのテキサス女子大を訪ねました。

そこで出会ったクォン教授のリサーチは本質を突き、非常に深いものでした。大学にはフォースプレートや高速度カメラなどの高価な機材があり、私自身が被験者となってスウィング解析をしてもらいましたが、スウィング解析ではいままで聞いたことも見たこともない用語が出てきて驚いたのを覚えています。

ゴルフバイオメカニクス、そして「グラウンド・リアクション・フォース」(地面反力)は、いまや欧米のゴルフティーチングでは知っていて当たり前の常識です。多くのゴルフインストラクターや米国ＰＧＡツアー選手がゴルフバイオメカニクスを取り入れ、結果を出しています。

その結果、米国ＰＧＡツアーでは、５年前は３００ヤード飛べば13位に入っていたドライバーの飛距離が、現在(２０１８年10月)では３００ヤードで61位タイです。これはギアやトレーニングによる影響もありますが、ゴルフバイオメカニクスの研究が進み、「地面反力」を使ったスウィングが一般的になったことも大きな要因でしょう。

その好例がタイガー・ウッズです。42歳のウッズは腰やひざの故障により満身創痍の体で一時は歩行も困難でした。そんなウッズが57・75m/秒という以前よりも速いヘッドスピードを叩き出し、再びPGAツアートップクラスの飛距離を誇るまでに回復し、今年（2018年）のツアーチャンピオンシップでは、復活優勝を遂げました。

これは道具やトレーニングの効果だけでは説明できません。タイガー・ウッズの前コーチであるクリス・コモが、体にやさしく飛距離の出るスウィングの土台を作った影響は、間違いなく大きいと私は思います。そのコモは、クォン教授からゴルフバイオメカニクスを学んだ生徒です。

傷だらけのタイガーを再生するという高レベルのスウィング構築を成し遂げたクリス・コモに心から賛辞を贈りたいと思います。そして、タイガーの事例からゴルフバイオメカニクスがすべてのゴルファーに飛距離アップの希望を与えてくれたと確信しました。コモは、スウィング知識が豊富なだけではなく、紳士的で尊敬できる人物です。教授の素晴らしさ、ゴルフバイオメカニクスの重要さを伝えるために本書に寄稿してくれたコモに感謝します。

そして何より私たちの師、クォン教授に改めてお礼を述べたいと思います。クォン教授はいままでアメリカで出会ったどのゴルフ関係者よりも紳士的な人物でした。ダラスを訪問した際はいつも手厚くもてなしてくれます。私はそんな誰からも愛されるクォン教授を応援したい、彼の考えを広めたいという気持ちで本書のお手伝いをさせてもらいました。クォン教授は講義やリサーチで忙しいなか、迅速に対応してくださいました。本当にありがとうございました。

本書を皆さんにお届けするにあたり、いかに簡単に理解し実践できるかということを念頭に話し合いを重ねました。学問的な部分を深く掘り下げればキリがありませんが、限られた紙幅のなかで、わかりやすくお伝えすることに注力しました。

そのため、本書でお伝えしている内容はクォン教授がリサーチしてきた全体の100分の1ほどのものです。しかし、これは決して出し惜しみをしているのではなく大事な部分だけを凝縮してお伝えできるように推敲を重ねた結果です。

本書はきっとみなさんのゴルフ人生にとって大きな転換点となることと思います。本書を何度も読み返して取り組めば、あと20ヤードは夢ではありません。あなたのゴルフに革命が起きることを祈っています。

吉田洋一郎

## Dr. Young-Hoo Kwon

ヤン・フー・クォン教授

テキサス女子大学教授。専門はバイオメカニクス。生体力学的に理にかなったスウィングを研究している。タイガー・ウッズの元コーチ、クリス・コモなど、クォン教授の教えを受けたプロコーチたちが世界で活躍中

## 吉田 洋一郎

よしだ・ひろいちろう

プロコーチとして数多くのゴルファーを指導するかたわら、世界の名コーチたちに直接指導を受けるスウィング研究家としても活躍。クォン教授と共に「Dr.クォンの反力打法」を週刊ゴルフダイジェストに連載中

Dr.クォン、吉田洋一郎ともに2019レッスン・オブ・ザ・イヤー受賞



**飛ばしたいならバイオメカ**

# 驚異の反力打法

2018年11月15日　初版発行
2019年 7 月 8 日　第 4 刷発行

著　　者　　Dr.クォン＆吉田洋一郎
発 行 者　　木村玄一
発 行 所　　ゴルフダイジェスト社
〒105-8670　東京都港区新橋6-18-5
TEL 03（3432）4411（代表）　03（3431）3060（販売部）
e-mail gbook@golf-digest.co.jp

デザイン　　スタジオパトリ
印　　刷　　大日本印刷株式会社

定価はカバーに表記してあります。乱丁、落丁の本がございましたら、
小社販売部までお送りください。送料小社負担でお取り替えいたします。




ISBN 978-4-7728-4181-8　C2075